SYSTÊME SOCIAL.

TOME SECOND.

SYSTÊME SOCIAL.

OU

PRINCIPES NATURELS

DE LA MORALE

ET

DE LA POLITIQUE.

AVEC UN EXAMEN

DE

L'INFLUENCE DU GOUVERNEMENT

SUR LES

MOEURS.

Diſcenda virtus eſt ; ars eſt bonum fieri ; erras ſi exiſtimas vitia nobiſcum naſci ; ſupervenerunt, ingeſta ſunt.

SENEC. EPIST. 124.

TOME SECOND.

LONDRES.

MDCCLXXIII.

SYSTÊME SOCIAL

SECONDE PARTIE.

PRINCIPES NATURELS
DE LA
POLITIQUE.

CHAPITRE I.

De la Société. Du Pacte Social. Des Loix. De la Souveraineté. Du Gouvernement.

L'IGNORANCE, l'erreur, le préjugé, le défaut d'expérience, de réflexion & de prévoyance, voilà les vraies ſources du mal moral. Les hommes ne ſe nuiſent à eux-mêmes & ne bleſſent leurs aſſociés, que parce qu'ils n'ont point d'idées de leurs vrais intérêts; ils ne vivent en ſociété, que parce qu'ils y ſont nés; ils ſont attachés à la Société par une habitude machinale; très peu ſe ſont demandé à quoi elle leur eſt utile; ils jouiſſent de ſes avantages, pour ainſi dire, à leur infçu, ils en fouffrent les inconvéniens fans en démêler les caufes. Rien de plus rare que des hommes qui fe donnent la peine de réfléchir fur la nature, le but, les effets de la Société; fur les droits qu'elle a fur eux; fur les droits qu'ils ont fur elle. Le Pacte Social qui lie les affociés les uns aux autres, ainfi qu'au tout dont ils font membres, eft entiérement ignoré de ceux qui font faits pour l'obferver. Si quelques penfeurs en ont quelques idées vagues & confufes, beaucoup d'autres ne le regardent que comme une chimere. En un mot, l'objet qui devroit être le plus intéreffant pour eux, eft communément celui que nous voyons le moins connu des citoyens.

PLUSIEURS caufes ont contribué à retenir les hommes dans l'ignorance à cet égard. On diroit en général que la réflexion eft pénible pour eux; leur pareffe naturelle auffi bien que leurs occupations, leurs amufements, la diffipation, l'amour du plaifir les empêchent de méditer ou de remonter aux principes des chofes: ils ne fentent gueres l'intérêt qui pourroit les y porter; ils trouvent bien plus court de fe laiffer guider par l'autorité qui fouvent, aveugle elle-même, les prive de lumieres & les égare.

LA Religion, comme on a vu, perpétuellement occupée des merveilles invifibles d'un autre monde, ne donne point fon attention à ce qui fe paffe fur la terre. Ses principes, comme on l'a prouvé, tendent plutôt à diffoudre qu'à refferrer les liens de la Société: elle ne regarde ce monde que comme un paffage peu digne d'arrêter les yeux des mortels qui, ſuivant ſes maximes, ne ſont placés ici bas que pour ſe préparer à une vie future, qu'elle leur montre comme bien plus importante pour eux, que leur bonheur actuel. Des Chrétiens parfaits ne connoiſſent d'autre Patrie que le ciel; pour mériter d'en devenir un jour citoyens, ils doivent ſe détacher de tous les objets qui pourroient les détourner de leur chemin; ils doivent quitter peres, meres, parents, amis, concitoyens & ſociété, pour ſuivre la route ténébreuſe que leur tracent les guides chargés de leur conduite durant leur pélerinage ici bas.

Une Politique aveugle, guidée par des intérêts très contraires à ceux de la Société, ne ſouffre pas que les hommes s'éclairent ni ſur leurs propres droits, ni ſur leurs vrais devoirs, ni ſur le but de l'aſſociation qu'elle traverſe trop ſouvent. La Société devenue communément le jouet des caprices & des paſſions de ceux qui la gouvernent, ne renferme que des membres diviſés qui n'ont aucune connoiſſance des motifs, faits pour les unir entre eux & les attacher au corps. Ainſi, la Société devient dans les mains de ſes chefs, une machine dont les mouvements ſe contrarient, & qui n'a d'autre tendance que celle que lui donnent les volontés paſſageres de ceux qui s'en emparent. La plupart des ſociétés reſſemblent à des vaiſſeaux, dont la conduite eſt confiée à des pilotes dépourvus d'expérience qui, au lieu de les conduire au port, les font échouer contre des écueils où ils périſſent eux-mêmes.

Si tout homme tend au bonheur, toute société se propose le même but; & c'est pour être heureux que l'homme vit en société. Ainsi, la Société est un assemblage d'hommes, réunis par leurs besoins, pour travailler de concert à leur conservation & à leur félicité commune.

La Société, comme nous l'avons remarqué ci-devant, a des droits légitimes sur ses membres par les avantages qu'elle leur procure: chaque citoyen fait avec elle un pacte tacite qui, pour n'être pas rédigé par écrit ou clairement énoncé, n'en est pas moins réel. Pour exercer des droits sur ses membres, la Société leur doit la justice, la protection, des loix qui assûrent leur personne, leur liberté, leurs biens: elle s'engage à les garantir de toute injustice ou violence, à les défendre contre leurs passions réciproques, à les mettre à portée de travailler sans obstacles à leur bien-être propre sans préjudice de celui des autres; à placer chacun sous la sauve-garde de tous, pour le faire jouir en paix des choses qu'il possede ou qu'il a justement acquises par son labeur, ses talens, son industrie.

Voilà les conditions sous lesquelles toute association raisonnable s'est formée; voilà surquoi l'autorité de la Société peut légitimement se fonder. Chaque citoyen, pour son propre bonheur, s'oblige à s'y soumettre, & à dépendre de ceux qu'elle a rendus les dépositaires de ses droits & les interpretes de ses volontés.

D'Après ces conditions, chaque citoyen acquiert des droits sur la Société qui, pour sa conſervation propre, eſt obligée d'être fidelle à ſes engagements. En vue de ces avantages, le citoyen de ſon côté s'engage à être juſte; à ſubordonner ſes intérêts perſonnels à ceux de la Société; à ſoumettre ſes volontés à la ſienne; à la défendre de toutes ſes forces; à lui ſacrifier la portion de ſes biens néceſſaire à la conſervation & à la proſpérité de tous; à la ſervir de ſes talents, de ſes lumieres, de ſes facultés; à ne point troubler ſes aſſociés dans leurs poſſeſſions; à les y maintenir de tout ſon pouvoir; à coopérer ſelon ſes forces à la proſpérité générale dont la ſienne dépend. Dès qu'il remplit fidellement ces engagements, la Société ne peut ſans injuſtice priver le citoyen du bonheur qu'elle s'eſt engagée à lui procurer.

La Société étant compoſée d'un grand nombre d'hommes dont les volontés diverſes, les paſſions diſcordantes, les intérêts oppoſés, les lumieres bornées ne peuvent produire que du tumulte & du déſordre, & les empêcher d'agir de concert, eſt obligée de remettre ſes droits à un ou à pluſieurs citoyens que, dans l'idée qu'elle a de leur expérience, de leur prudence, de leurs talents, de leur probité, elle charge de parler en ſon nom, de gouverner pour elle, d'exprimer ſes intentions, de régler la conduite de ſes membres, de veiller au bonheur, à la protection, à la ſûreté de tous, de les obliger à remplir leurs engagements. Si la Société doit la juſtice, la liberté, le bonheur à ſes membres fideles, ceux qu'elle rend dépoſitaires de ſon autorité ne peuvent être que les exécuteurs de ſes intentions, & ne peuvent ſe dispenser de satisfaire aux conditions auxquelles elle a dû s'engager elle-même : d'où il suit que jamais une société n'a pu conférer à ses chefs ou représentans le droit d'être injustes, de la soumettre à leurs propres caprices, de nuire à ses membres à qui elle doit elle-même équité, liberté, sûreté. Le Souverain n'est que le gardien & le dépositaire du Contract Social ; il en est l'exécuteur ; il ne peut point acquérir le droit de l'anéantir ou de le violer.

Le Gouvernement est la somme des forces de la Société déposées entre les mains de ceux qu'elle a jugé les plus propres à la conduire au bonheur. D'où il suit évidemment qu'un Souverain n'est pas le Maître, mais le Ministre de la Société, chargé de remplir ses engagements envers les citoyens, & muni du pouvoir nécessaire pour obliger ceux-ci à remplir les leurs.

Les volontés de la Société s'expriment par les loix. La Loi est une regle que la Société prescrit aux citoyens, en vue de la conservation & du bien-être de tous, La législation ne doit avoir pour objet que d'indiquer aux hommes rassemblés en société, ce qu'ils doivent faire ou ce dont ils doivent s'abstenir pour le maintien d'une association nécessaire à leur propre félicité. Les loix sont des décisions de l'intérêt, de l'expérience, de la raison du corps, contre l'intérêt personnel ou les passions aveugles des membres.

Si tous les hommes avoient de la prudence, de l'expérience & de la raison, ils n'auroient besoin ni de loix, ni de législateurs ni de ſouverains pour vivre en ſociété. L'autorité des Souverains ſur leurs ſujets ne peut être fondée que ſur la ſupériorité de talents, de lumieres, de vertu que la Société ſuppoſe à ceux à qui elle confie le droit de parler en ſon nom. Tout légiſlateur eſt l'organe de la volonté générale; ſes loix ſont juſtes & bonnes, quand elles ſont conformes à la nature de l'homme, au but de l'aſſociation, à l'intérêt de la Société, à ſes circonſtances actuelles: elles ſont injuſtes & mauvaiſes, quand elles ſont contraires au bonheur de l'homme, au bien de la Société, uniquement favorables à l'intérêt particulier, oppoſées aux circonſtances où elle ſe trouve.

Les loix *naturelles*, ſur leſquelles on a tant écrit & diſputé, ſont celles qui découlent immédiatement de la nature de l'homme, indépendamment de toute aſſociation, ou qui ſont fondées ſur l'eſſence même d'un être qui ſent, qui cherche le bien & fuit le mal, qui penſe, qui raiſonne, qui déſire inceſſamment le bonheur. La Société, n'ayant pour but que de rendre l'homme plus heureux qu'il ne ſeroit tout ſeul, & le Gouvernement n'étant fait que pour remplir ſes engagements avec ſes membres, il ſuit de-là que les loix de la nature ne peuvent être ni abrogées ni ſuſpendues dans l'état ſocial, qui ſans celà priveroit l'homme de ſon bien-être au lieu de le lui procurer. En devenant membre d'une ſociété, l'homme ne change point de nature, il ne cherche qu'à ſatisfaire plus aiſément les beſoins de ſa nature.

Les loix *civiles* ne ſont donc que les loix

naturelles appliquées aux besoins, aux circonstances, aux vues d'une société particuliere ou d'une nation. Ces loix ne peuvent contredire celles de la nature, parce qu'en tout pays l'homme est toujours le même, a les mêmes désirs, mais varie dans les moyens de les satisfaire.

Quelque nom qu'on leur donne, les loix ne peuvent jamais anéantir, ni les droits naturels de l'homme, ni les devoirs de la Morale: elles sont faites pour assûrer les droits justes du citoyen, & pour l'obliger à se conformer à ses devoirs. Toute loi qui priveroit l'homme de la liberté, de la sûreté, de la propriété, seroit injuste; ce n'est que pour jouir plus sûrement de ces avantages, qu'il vit en société, & se soumet à des loix.

Les loix pénales sont celles qui punissent le citoyen, quand il a violé la loi. En refusant d'obéir à des loix justes, il rompt ses engagements avec la Société; conséquemment il la dégage des siens; il devient l'ennemi de ses associés, ils ont le droit de le punir, ou de le priver du bien-être auquel il n'a droit de prétendre qu'autant qu'il est fidele au Pacte Social.

Une loi injuste ne peut jamais conférer aucuns droits: il n'y a qu'une loi juste & conforme à la nature de l'homme en société, qui puisse donner de vrais droits. Ce que la loi permet se nomme *licite*; ce qu'elle défend se nomme *illicite*. Tout ce qui est licite n'est juste, que quand la loi est juste. Les loix sont injustes & insensées, toutes les fois qu'elles permettent ce qui est nuisible, &

défendent ce qui eſt utile à la Société. (1) *Rien de plus inſenſé, dit Cicéron, que de regarder comme juſtes toutes les choſes qui ont pour elles la ſanction des loix ou les ſuffrages des peuples. Si l'on fondoit des droits ſur les volontés du Peuple, ſur les édits des Princes, ſur les ſentences des Juges, le brigandage ſeroit un droit, l'adultere ſeroit un droit, forger un teſtament ſeroit un droit, pour peu que ces actions euſſent l'approbation de la multitude.* En effet, tout légiſlateur ou tout peuple deviendroit maître de créer & le juſte & l'injuſte. Eh! quel ſeroit le tyran qui ne ſe feroit pas des droits à lui-même, s'il n'en coûtoit qu'une loi pour acquérir des droits!

L'ON nomme loix *fondamentales* celles qui dans les nations ſervent de fondement & de titre à l'Autorité Souveraine, & qui ſont réputées les volontés des peuples, rélativement à la maniere dont ils déſirent d'être gouvernés. Rien de plus embrouillé que ces loix; il n'eſt aucun pays où l'on puiſſe diſtinctement reconnoître les vraies limites du pouvoir des Souverains, & les droits que la Société a prétendu ſe réſerver à elle-même. Les ennemis de la liberté des hommes ſe ſont prévalus de cette obſcurité, & les tyrans s'en font des titres pour opprimer. Dans une matiere ſi intéreſſante, tout eſt vague, équivoque, indéfini; la ſagacité la plus exercée peut

(1) *Illud ſtultiſſimum exiſtimare omnia juſta eſſe quæ ſcita ſint in populorum inſtitutis & legibus. Si Populorum juſſis, ſi Principum decretis, ſi ſententiis Judicum jura conſtituerentur, jus eſſet latrocinari, jus adulterare, jus teſtamenta falſa ſupponere, ſi hæc ſuffragiis aut ſcitis multitudinis probarentur.*

VOYEZ CICER. DE LEGIBUS.

à peine démêler le ſophiſme du vrai, l'uſurpation du droit, la violence de l'équité. Les jurisconſultes les plus habiles ont été ſouvent les dupes des préjugés les plus vulgaires; ils ont à tout moment confondu la force, l'uſage, la poſſeſſion avec le droit; ils ont regardé comme des titres pour les Princes, des uſurpations que les Peuples trop foibles n'avoient pu empêcher: ils ont rarement oſé remonter juſqu'aux principes de tout droit & de toute autotité. Mais de ce qu'un Souverain a la force de faire le mal impunément, s'enſuit-il qu'il a le droit de mal faire? De ce que ſes ancêtres auront pendant pluſieurs ſiecles exercé la tyrannie, ſans que perſonne ait oſé les arrêter ou les punir, doit-on en conclure qu'il a le droit de continuer?

Dans les démêlés qui s'élevent quelquefois entre les Souverains & les Sujets, l'on a communément recours à l'hiſtoire, pour chercher dans les déciſions & les coutumes anciennes de la nation, des exemples ou des faits propres à régler ſes jugements: mais ces hiſtoires, ſouvent dictées par la crainte & la flatterie, ou faute de monuments, diſſimulent la vérité, alterent les circonſtances, ou ne les préſentent que ſous un faux point de vue. Les hiſtoriens ne nous montrent par-tout que des combats continuels entre des Souverains tendants au deſpotiſme & la liberté des Peuples faiſant des efforts pour ſe défendre: dans cette lutte perpétuelle, tantôt l'un a le deſſus, tantôt l'autre vient à bout de remporter quelque avantage. Sous des Princes foibles & timides, les Nations arrachent quelquefois des titres favorables à leurs juſtes droits; ſous des

Princes actifs & puissants, elles sont privées de leurs droits les plus incontestables.

Ce n'est ni à l'histoire, ni à l'usage, ni à des exemples, ni même à des concessions ou chartres que l'on doit recourir dans des questions de ce genre; c'est à l'origine de l'autorité souveraine; c'est aux droits inaliénables des nations; c'est à la raison; c'est à la justice éternelle; c'est à l'intérêt des nations dont le bonheur fait toujours la loi suprême.

Les incertitudes si fréquentes où nous jette l'histoire, quand il s'agit d'examiner les droits des Souverains sur les Peuples, & des Peuples sur les Souverains, ont fait croire à bien des gens que les loix fondamentales, dont on parloit sans cesse & que l'on ne trouvoit établies nulle part, étoient de pures chimeres, ainsi que le Contract Social qui lie réciproquement les Souverains & les Sujets. Cependant il est évident que ce Pacte, fondé en nature, existe, & qu'il est le même qui lie la Société à ses membres. Soit que les conditions du Pacte des peuples avec leurs Chefs aient été clairement exprimées & conservées dans des monuments autentiques, soit qu'on n'en trouve des vestiges nulle part, elles sont toujours les mêmes. Un Souverain légitime ne regne que de l'aveu de sa Nation; dès qu'elle lui obéit, c'est dans l'espoir de jouir du bonheur par son moyen. Dès qu'il commande en son nom, il n'a pas le droit d'ordonner rien de contraire à ses intentions. Les hommes rassemblés en société n'obéissent à l'un d'entre eux, que dans l'idée d'être plus heureux qu'ils ne seroient sans lui; & ce chef, quelque nom qu'on lui donne, ne peut jamais acquérir le droit de les rendre malheureux, ni même de négliger leur bonheur. (2)

Il subsiste donc évidemment entre les peuples & leurs chefs un Pacte dont les articles doivent être conçus à-peu-près en ces termes. „ Engagez „ vous à nous bien gouverner, c'est-à-dire à „ veiller à notre sûreté, à nous procurer le bien-„ être, à nous garantir de toute oppression; & „ nous nous engagerons de notre côté à vous „ obéir, à vous honorer, à nous occuper de vo-„ tre bien-être & de votre sûreté. Si vous ne nous „ faites jouir d'aucuns biens, vous nous serez in-„ différent. Si vous ne nous faites que du mal, „ nos engagements seront nuls; c'est vous qui les „ anéantirez vous-même. Si vous nous faites „ endurer des maux insupportables, nous vous „ détesterons, nous vous traiterons en ennemi. „ Si nous sommes trop foibles pour secouer vo-„ tre joug, nous le porterons en frémissant, vous „ aurez un ennemi dans chacun de vos esclaves, „ & vous serez à chaque instant obligé de trem-„ bler sur ce trône dont vous ne serez qu'un „ injuste usurpateur."

Si les contracts des nations avec leurs chefs ne se trouvent pas dans l'histoire, qui n'est trop souvent que le registre des violences & des usurpations des Princes, ils existent du moins dans les cœurs de tous les hommes, qui n'ont jamais pu consentir de plein gré à l'exercice d'un pouvoir qui les rendît malheureux, & qui tendît à la

(2) *Potestas Regis est potestas Legis; potestas juris, non injuriæ.* Voyez Bracton de Legib. Angliæ.

ſubverſion de la Société. Lorſque des peuples ſauvages ſe ſont choiſis des chefs, ils ont ſuppoſé que ces chefs plus expérimentés qu'eux, leur procureroient des avantages ; s'ils n'ont point ſongé à faire un pacte avec eux, c'eſt qu'ils ne prévoyoient pas qu'il viendroit un tems où ces chefs les opprimeroient eux-mêmes ou leur poſtérité. Des nations, ou plutôt des hordes guerrieres, n'ont pu d'ailleurs limiter le pouvoir de leurs commandants, parce que la diſcipline militaire exige un pouvoir ſans bornes dans celui qui ordonne, & une obéiſſance ſans bornes dans celui qui obéit. Mais quels que ſoient les motifs qui ont empêché un Peuple de ſtipuler ſes intérêts, le pouvoir illimité d'un Souverain, pour être juste, n'eſt que le pouvoir de travailler au bien public de la façon qui lui paroît la plus convenable. Pour lors la Société, pleine de confiance dans les talents ou les belles qualités de ſon Chef, n'a fait que lui donner *carte blanche*, mais n'a pu ni voulu l'autoriſer à mal faire, & encore moins conférer à ſes ſucceſſeurs le droit d'abuſer contre elle de la confiance qu'elle a montrée.

Le ſiecle paſſé nous fournit l'exemple ſingulier d'une nation qui, par un vœu preſqu'unanime, ſe ſoumit expreſſément au pouvoir illimité de ſon Monarque, & par un acte ſolemnel lui déféra une puiſſance abſolue. (3) En concluera-t-on que ce peuple a prétendu conſentir que ſon ſouverain exerçât la tyrannie? Non, ſans doute ; ce fut évidemment pour ſe ſouſtraire à la tyrannie de leurs nobles inſolents, que les Danois conférerent à leur Monarque un pouvoir plus éten-

(3) Les Danois en 1660.

du qu'il n'avoit auparavant; afin qu'il pût en impoſer à ces tyrans multipliés, dont ils éprouvoient depuis longtems les injuſtices.

Le pouvoir illimité, dit Locke, n'eſt ſuivant la raiſon que le pouvoir de procurer le bien public ſans reglemens & ſans loix (4). Le même auteur remarque que ſouvent les meilleurs Princes, en s'attirant par leurs vertus la confiance de leurs ſujets, leur ont fait un tort véritable, vû que ceux-ci, ſéduits par leurs bonnes qualités, leur ont adjugé des prérogatives & des droits, dont leurs ſucceſſeurs moins équitables ont indignement abuſé. Ces derniers ſe ſont prévalus, pour faire le mal, du pouvoir qui n'avoit été accordé à leurs prédéceſſeurs, que pour faire plus librement le bien. Le pouvoir abſolu, ou ce qu'on appelle le *Deſpotiſme* ſeroit, dit-on, un gouvernement admirable entre les mains d'un Trajan, d'un Titus, d'un Marc-Aurele; mais un pouvoir exercé par un homme de bien, qui ſe conforme aux regles de la juſtice & de la raiſon, n'eſt plus un Deſpotiſme, & ne doit pas être déſigné ſous ce nom déshonorant.

Les partiſans du Deſpotiſme (car, à la honte du genre humain, ce brigandage à des fauteurs) ne manqueront pas de prétendre que ce ne fut preſque jamais le choix libre des Nations qui plaça les Souverains ſur le thrône; qu'ils ont pour l'ordinaire ſoumis les peuples par la force, & que ce fut *par droit de conquête* qu'ils régnerent ſur des hommes ſubjugués à qui, pouvant les exterminer, ils ont laiſſé la vie, & qui par-

(4) Voyez Locke *Eſſai ſur le Gouvernement.*

conſéquent, bien loin de leur preſcrire des loix, ſe ſont vu forcés de recevoir celles qu'ils voulurent leur impoſer. En un mot, on ſuppoſe que des peuples réduits en eſclavage, n'ont pu faire aucun Pacte avec leurs ſuperbes vainqueurs.

On conviendra ſans peine que la plupart des grands Empires ont été formés par la conquête; ce qui prouve ſeulement que les fondateurs de ces Empires ont été des voleurs, des brigands, des fléaux du genre humain; la violence, le meurtre & le carnage ne furent jamais des moyens légitimes d'acquérir. Celui qui ne commande qu'à des eſclaves, ne commande qu'à des ennemis, qui ont droit d'oppoſer la juſtice & la force, à l'injuſtice & à la force. *La Juſtice*, dit un Pere de l'Egliſe, *briſe les fers injuſtes* (5). Il eſt vrai que des malheureux, ſubjugués par le fer & la flamme, n'ont gueres pu ſtipuler avec leurs conquérants farouches; mais ils ont pu leur dire: „ nous avons été les plus foibles; nous „ avons cédé à la force; mais ſi jamais nous de- „ venons les plus forts, nous vous arracherons „ un pouvoir uſurpé, lorſque vous ne vous en „ ſervirez que pour notre malheur. Ce n'eſt qu'en „ nous faiſant du bien, que nous conſentirons „ à oublier les titres infames par leſquels vous „ régnez ſur nous. Notre conſentement ſeul „ peut faire de nous des citoyens ſoumis, & de „ vous des ſouverains légitimes. La vie que „ vous nous avez laiſſée, n'eſt qu'un préſent fu- „ neſte, ſi elle n'eſt deſtinée qu'à nous faire lan- „ guir dans la captivité."

(5) *Injuſta vincula rumpit juſtitia.*

Voyez S. Augustin Serm. 81.

Il n'y a que le consentement libre & subséquent des peuples, qui puisse légitimer le pouvoir usurpé d'un conquérant. Mais les peuples ne peuvent donner ce consentement que sous la condition d'être bien gouvernés. *La conquête*, dit Locke, *est aussi peu l'origine & le fondement des Etats, que la démolition d'une maison est la vraie cause de la construction d'une autre.*

Non seulement la violence ne peut pas conférer le droit d'exercer le despotisme, mais même le consentement libre & passager d'un peuple ne peut pas rendre légitime cet abus du gouvernement. On nous dira vainement *qu'on ne fait aucun tort à celui qui consent* (6). Rien de plus faux que cette maxime; elle autoriseroit à dépouiller les enfans, les personnes ivres ou en démence, ou à tuer les malades dans le transport. Quand même on supposeroit que des nations ont pu consentir autrefois à ce qu'on exerçat sur elles le Despotisme: quand même elles se seroient, par des actes solemnels, livrées aux caprices d'un maître absolu; tous ces titres, arrachés par la séduction, ou accordés par le délire, ne peuvent nullement lier la postérité. Un bon Pere doit transmettre son bien à ses enfans après lui, il ne peut sans injustice livrer ce bien à la rapacité d'un tyran. Si les ancêtres ont la folie de se rendre esclaves, ils n'ont pas le droit de rendre esclaves leurs descendants, qui auront toujours le droit de briser leurs chaînes, quand ils en auront le pouvoir.

La superstition toujours ennemie de la liberté &

(6) *Volenti non fit injuria.*

& du bonheur des habitans de ce monde, a visiblement travaillé à les rendre malheureux, en forgeant des titres aux Despotes & aux Tyrans. Dans l'idée de fonder leur pouvoir usurpé, sur une base inaccessible aux regards des mortels, les Souverains absolus ne prétendent-ils pas n'avoir jamais reçu leur pouvoir de leurs Nations, ne le tenir que de Dieu seul, & n'être comptables qu'à lui de leurs actions? N'est-ce pas évidemment outrager un Dieu qui, s'il existoit, devroit être rempli de perfections, de justice & de bonté, que de le supposer l'auteur & le protecteur d'une puissance injuste & qui opere évidemment le malheur des Etats? N'est-ce pas anéantir toute morale, que d'assûrer qu'un pouvoir qui détruit toute loi, toute équité, toute vertu est approuvé par le ciel? Un Souverain parjure n'annonce-t-il pas par sa conduite qu'il se moque également & des Dieux & des hommes?

Pour derniere ressource, on nous dit que la Puissance Souveraine s'est formée sur le modele de la puissance paternelle qui paroît illimitée. Mais l'autorité paternelle peut-elle donner le droit de tyranniser, de tourmenter, de dépouiller, de détruire des enfants. Cette autorité, pour être juste, doit être fondée sur les avantages, les instructions, les soins qu'elle donne aux êtres qui lui sont soumis. La Tyrannie d'un Pere doit être supportée par un fils vertueux, mais cette tyrannie n'en est pas pour celà plus juste & plus raisonnable. D'ailleurs les Rois ne sont point les peres des Peuples, les Peuples sont les peres des Rois, & ceux-ci ne sont que trop souvent des enfants dénaturés, qui méconnoiſſent les juſtes droits de ceux qui les ont faits ce qu'ils ſont, qui les nourriſſent, qui travaillent à leur bonheur, qui ſe dévouent pour eux. Malgré les orgueilleuſes prétentions des Deſpotes & les ſophiſmes des flatteurs qui veulent enchaîner les peuples à leurs pieds, il eſt évident que ce ne ſont pas les Rois qui ſont les Nations, mais que c'eſt le conſentement des Nations qui fait les Rois. Une Nation peut ſans Roi être très bien gouvernée, mais un Roi ne peut ni exiſter ni gouverner ſans Nation. Les prérogatives, le pouvoir, les droits ne peuvent ſe changer en loi, que quand ils ſont fondés ſur la volonté de la Société, ſur l'équité, ſur l'utilité générale. Ainſi une nation ne peut jamais empiéter ſur les droits de ceux qui la gouvernent; leurs Chefs n'ont d'autres droits que ceux qu'ils reçoivent de la volonté générale ou du conſentement de la nation qui ne peut, ni renoncer à ſes propres droits, ni être privée du droit inaliénable de reſſerrer le pouvoir, ou de régler la conduite de ceux qu'elle choiſit pour la guider au bonheur.

Ces maximes, peu conformes, peut-être, aux prétentions des tyrans, n'en ſont pas moins conformes à la nature de l'homme, aux droits de la Société, aux loix de l'équité, à la droite raiſon, à l'intérêt général des Peuples, qui s'accordent à nous prouver que le but invariable de la Société doit être de rendre ſes membres heureux, de ſe conſerver elle-même, de vivre ſous des loix équitables, de jouir de la liberté, de la ſûreté, de la propriété. Ce n'eſt qu'en procurant ces avantages à la Société, que le gouvernement peut être légitime, & que ceux qui gouvernent peuvent jouir eux-mêmes d'un vrai bonheur, d'une puissance solide, d'une gloire véritable. En un mot, les intérêts des souverains ne peuvent jamais sans danger se séparer de ceux de leurs sujets.

De tous les principes répandus dans ce chapitre il suit évidemment que le Pacte Social, la législation, le gouvernement, la politique n'ont dans le vrai d'autre objet, que de faire observer les devoirs de la morale aux hommes rassemblés pour leurs besoins communs. Les vertus sociales ne sont, comme on a vu, que les dispositions que doit avoir tout homme qui vit en société. C'est pour jouir de la justice, des bienfaits, des secours, de la protection des loix, des fruits de son labeur, de la tranquilité, de la sûreté, que l'homme vit en société. La Société lui doit ces choses; tant qu'il se montre fidele à remplir ses engagements envers elle: le gouvernement & les loix sont faits pour les lui assurer. Tout gouvernement injuste ou qui néglige & corrompt les mœurs, brise efficacement les liens faits pour unir entre eux les hommes associés, anéantit le Contract Social, travaille à la destruction de son propre pouvoir.

D'où l'on voit que la morale ne peut, sans le plus grand danger, se séparer de la *Politique*, qui est l'art de gouverner les hommes réunis en société. Elle ne doit être, comme tout nous le prouvera par la suite, que la morale appliquée au gouvernement des Etats.

GOUVERNER, c'eſt maintenir, protéger & guider au bonheur une Société; ce qui ne peut avoir lieu ſans faire concourir tous ſes membres à l'utilité générale, & ſans réprimer les paſſions capables de nuire à la félicité de tous. D'où il ſuit que le gouvernement n'a pour objet que d'exciter les hommes réunis en Société à exercer entre eux les vertus ſociales, ou à mettre en pratique les regles dont la morale leur fait ſentir la néceſſité pour leur propre intérêt.

EN UN mot, la Politique eſt la morale des Nations. L'objet de la Politique intérieure eſt de faire obſerver les loix, tant naturelles que poſitives ou civiles, néceſſaires au maintien de l'ordre dans la Société particuliere. L'objet de la Politique extérieure eſt de maintenir entre les nations, les loix de la nature, à l'aide d'un équilibre de puiſſance qui les empêche d'enfreindre les regles de l'équité, d'empiéter ſur leurs droits réciproques, de violer les devoirs de la morale deſtinés également, & pour les peuples, & pour les citoyens d'un même Etat.

CHAPITRE II.

Origine des Gouvernemens: de leurs formes diverſes: de leurs avantages & déſavantages: de leurs réformes.

LES Nations, de même que tous les individus de l'eſpece humaine, paſſent par des âges & des états divers; leur premier état eſt une ſorte d'enfance: partagées en familles, en hordes, en petites ſociétés éparſes, vous les voyez errantes, ſans demeure fixe, deſtituées d'arts & d'induſtrie, chercher péniblement par la chaſſe & la pêche de quoi ſubſiſter, & preſqu'auſſi peu raiſonnables que les bêtes, leur faire une guerre continuelle. Voilà l'état ſauvage dont nous avons ſuffiſamment décrit les miſeres.

LE hazard amene chez nos ſauvages des étrangers ſortis de nations plus éclairées: ces nouveaux hôtes rapprochent les unes des autres les familles ou hordes qui vivoient ſéparées, leur apportent des arts utiles; leur enſeignent l'agriculture; leur apprennent à prévoir les beſoins; leur donnent des Dieux, des cultes, des loix que ces hommes groſſiers acceptent ſans raiſonner: en faveur des bienfaits qu'on leur fait éprouver, ils ſe livrent de plein gré à des perſonnages inſtruits, expérimentés, qu'ils trouvent capables de les rendre plus heureux, & qui dès lors leur paroiſſent ou des amis des Dieux ou des êtres fort au-dessus de la nature humaine. Ceux-ci deviennent ainsi leurs Législateurs, leurs Oracles, leurs Prêtres, leurs Juges, leurs Rois, & quelquefois même les objets de leur culte.

La Religion, fondée sur la crainte des puissances invisibles auxquelles l'homme se croit soumis, date communément du tems où les peuples étoient plongés dans l'ignorance & la barbarie. C'est par la Religion que tous les Législateurs sont parvenus à dompter les sauvages dont ils vouloient se former des sujets. Les terreurs religieuses sont en effet très propres à rendre souples & dociles, des hommes simples & crédules, dépourvus encore de raison, de prudence & de réflexion. En donnant des religions à des sauvages, les législateurs ont pris la même méthode que suivent encore les meres & les nourrices, quand elles menacent de quelque phantôme les enfans mutins dont elles ne peuvent faire cesser les caprices & les cris. Mais ces moyens imaginés pour contenir ou subjuguer des sauvages, qui sont de grands enfants, n'ont plus la même force sur l'esprit de l'homme que la raison & l'expérience ont rendu moins crédule, & dès lors moins timide. Les passions, les affaires, le tumulte, les distractions & les plaisirs des sociétés nombreuses & policées, affoiblissent peu-à-peu les idées religieuses & rendent plus foible leur influence sur les mœurs. Pour lors la religion, méprisée de ceux qui raisonnent, n'est plus qu'une affaire d'habitude pour le vulgaire qui ne raisonne jamais, & n'en impose qu'à quelques hommes qui ont conservé la crédulité & la simplicité de leurs ancêtres sauvages.

Une horde voiſine attaque une ſociété naiſſante; celle-ci prend pour chef l'homme le plus intrépide ou le plus expérimenté qui, à la tête de quelques citoyens, repouſſe l'invaſion ennemie. Comme les attaques ſont fréquentes, toute la Société dans l'origine eſt guerriere, elle eſt gouvernée comme un camp, ſon gouvernement eſt militaire. Son chef la mene à des conquêtes, & ſubjugue par ſon moyen les hordes ou nations d'alentour qu'il réduit en ſervitude, & dont il diſtribue les terres & les dépouilles à ſes guerriers. C'eſt ainſi que peu-à-peu ſe ſont formés les grands Empires, les vaſtes Monarchies; voilà l'origine du Deſpotiſme, du Pouvoir abſolu, de la Tyrannie qui ne purent s'établir & ſe maintenir que par la violence (7).

Fatigués à la longue des excès de leurs tyrans, quelques peuples ſe révolterent contre eux; parvenus à ſe défaire d'un pourvoir accablant, ils le partagerent entre pluſieurs citoyens diſtingués par leurs talents, leurs vertus, leurs richeſſes: ceux-ci devinrent par là les repréſentans de la nation, les dépoſitaires de ſon autorité, le ſouverain collectif. Voilà ce qui fit naître le Gouvernement Ariſtocratique.

Les magiſtrats de l'Ariſtocratie ayant ſouvent abuſé de leur pouvoir & s'étant érigés en tyrans, le peuple, uſant de ſes droits, reprit la puiſſance ſuprême, & ſe flatta qu'il ſe gouverneroit bien

(7) Le mot *Tyran*, adopté par les Grecs & les Romains, eſt originairement un mot Celtique ou Scythe qui déſigne *celui qui diſtribue des terres.* Chez les Grecs le mot Τυραννος déſignoit un citoyen qui avoit uſurpé la ſouveraineté d'une ville ou d'un pays libre.

mieux lui-même, qu'il ne l'avoit été par des chefs prévaricateurs, dont il avoit éprouvé les injustices, & les dissensions. Voilà comment le Gouvernement Populaire ou la *Démocratie* s'est formée.

BIENTÔT le peuple qui ne raisonne gueres, qui ne distingue nullement la liberté de la licence, se vit déchiré par des factions : étourdi, inconstant, imprudent, impétueux dans ses passions, sujet à des accès d'enthousiasme, il devint l'instrument de l'ambition de quelque harangueur ou chef qui s'en rendit le maître & bientôt le tyran.

L'HISTOIRE nous prouve qu'en matiere de gouvernement, les nations furent de tout tems les jouets de leur ignorance, de leur imprudence, de leur crédulité, de leurs terreurs paniques, & sur-tout des passions de ceux qui sçurent prendre de l'ascendant sur la multitude. Semblables à des malades qui s'agitent sans cesse dans leur lit, sans y trouver de position convenable, les peuples ont souvent changé la forme de leurs gouvernements; mais ils n'ont jamais eu, ni le pouvoir, ni la capacité de réformer le fond, de remonter à la vraie source de leurs maux; ils se virent sans cesse balotés par des passions aveugles. Cette fluctuation n'est dûe qu'au défaut de prudence & de lumieres. Cet état inquiet ne peut cesser, que lors que les nations plus éclairées reconnoîtront que l'homme n'est pas fait pour régler le sort des hommes; que l'abus fut & sera toujours à côté du pouvoir; qu'obéir à des hommes, c'est obéir à des passions, des vices des fantaiſies ſujettes à varier ; que pour être bien gouvernés, les peuples ne doivent obéir qu'à la juſtice, dont les regles ſont invariables, & qui ſeule peut fixer avec préciſion les bornes du pouvoir de ceux qui gouvernent, & les droits de ceux qui ſont gouvernés.

Des ſpéculateurs ont longtems diſputé pour découvrir quelle pouvoit être la forme du gouvernement la plus avantageuſe pour un Etat, ou la plus propre à procurer ou maintenir la félicité publique. Ils n'ont ſans doute pas vu que toutes les formes étoient parfaitement indifférentes, pourvu que des loix ſenſées, ſoutenues par toute la force de la Société, continſſent également les chefs, pour les empêcher d'abuſer du pouvoir, ou les ſujets pour les empêcher d'abuſer de la liberté. Un bon gouvernement eſt celui où perſonne n'a le pouvoir d'être injuſte ou d'enfreindre impunément les loix. Toute forme de gouvernement eſt avantageuſe, dès qu'elle laiſſe tout pouvoir à la loi.

Plusieurs politiques ont penſé que la *Monarchie* c'eſt-à-dire le pouvoir ſouverain exercé par un ſeul homme, étoit le gouvernement le plus conforme aux beſoins d'un grand Etat. Mais eſt-il bien poſſible qu'un ſeul homme réuniſſe tous les talents, toutes les vertus néceſſaires pour gouverner un peuple nombreux? Un habile guerrier eſt rarement un habile légiſlateur, un habile juriſconſulte, un habile commerçant; & le Prince qui poſſede les arts de la paix, n'aura que difficilement les connoiſſances & les talents néceſſaires à la guerre. Un ſouverain ſans paſſions, eſt un etre de raiſon. Les nations, pour avoir trop présumé de leurs maîtres, n'en ont rien obtenu; elles les prirent pour des Dieux, & elles ne furent souvent gouvernées que par des hommes, que leur puissance remplissoit communément de plus d'imperfections & de vices que les autres. Tant de causes conspirent à corrompre les Rois, que l'on a lieu d'être surpris de leur trouver les vertus ou les talents même les plus ordinaires.

On a cru voir sous le gouvernement d'un monarque les nations gouvernées comme les familles par un pere; mais l'expérience nous montre que les peres des peuples ne ressemblent que trop souvent au Saturne de la fable, qui dévoroit ses propres enfants. (8) Le gouvernement monarchique, mettant des forces énormes entre les mains d'un seul homme, doit par sa nature même le tenter d'abuser de son pouvoir pour se mettre au-dessus des loix & pour exercer le Despotisme & la Tyrannie, qui sont les plus terribles fléaux des nations. D'un autre côté, par la nature même des choses, c'est-à-dire par l'impossibilité où un seul homme se trouve de conduire d'une main sûre le gouvernail d'un grand empire, les monarchies, dans le fait, se changent en de véritables aristocraties: les ministres & les grands se rendent souvent les maîtres du sort, & des sujets, & du souverain. Dans les cours des Rois, il se forme presque toujours contre le bien public, une ligue également funeste aux nations & à leurs chefs.

Dans quelques nations la couronne est *élective*; la puissance royale ne passe point aux descendans de celui qui la possede. Mais les élections des

(8) Homere appelle souvent les Rois *mangeurs de peuples*.

Rois, accompagnées de factions, de troubles & de guerres deviennent pour l'ordinaire des époques très fatales à la tranquilité des peuples. L'ambition des grands, qui seuls s'arrogent le droit de choisir un souverain, permet rarement que l'on fasse des loix & que l'on prenne des mesures capables d'arrêter la licence qu'ils exercent dans ces occasions. Une élection par scrutin & fixée par la loi sembleroit devoir prévenir efficacement les désordres dont les élections tumultueuses sont trop souvent accompagnées. Mais les réformes les plus simples & les plus faciles rencontrent des obstacles infinis dans les préventions des hommes en faveur de leurs antiques usages.

LA plupart des Monarchies sont *héréditaires*; ainsi les nations sont devenues le patrimoine de leurs chefs, qui les transmettent à leur postérité. Cette forme de gouvernement, quoique très usitée, paroît très ridicule à quelques penseurs républiquains. Selon eux, si les Peuples par ce moyen se garantissent des troubles & des embarras qui accompagnent d'ordinaire les élections des Rois, on trouve qu'elles ne se garantissent pas du malheur plus durable d'essuyer pendant une longue suite de siecles les inconvénients qui doivent résulter de l'impéritie, de la négligence, de l'ambition & de la violence d'une Dynastie ou famille toute entiere. Un bon Roi est une production si rare, que les peuples n'ont pas lieu de se flatter d'en avoir bien souvent. On en conclut que les nations n'ont pu, sans imprudence, confier irrévocablement leurs destinées au pouvoir d'une race qui, avec le sang, ne transmet pas l'art pénible de régner. Des hommes qui pour régner n'ont besoin que de naître, peuvent-ils avoir des motifs bien pressants d'acquérir par un long travail, les talents & les vertus nécessaires au gouvernement ? L'expérience de tous les tems prouve en effet qu'un Monarque vertueux peut à chaque instant être remplacé par un monstre ou par un insensé, capable d'anéantir tout d'un coup le bien qu'il a pu faire. Les annales de toutes les Monarchies, dans la plus longue suite des Rois en montrent à peine deux ou trois qui se soient donné la peine de gouverner par eux-mémes, ou de songer au bonheur de leurs sujets. La Royauté met une trop grande distance entre le Souverain & les Sujets, pour que le Monarque s'abbaisse jusqu'à s'occuper de leurs besoins.

Ces réflexions, peu favorables au Gouvernement Monarchique, ont fait croire à bien des gens que le Gouvernement *Républicain* étoit plus avantageux aux Nations. Ils trouvent entre autres que cette derniere forme est infiniment moins coûteuse pour les Peuples, qui souvent ont la douleur de se voir opprimés, appauvris & ruinés sous prétexte de soutenir la splendeur du Thrône, c'est-à-dire la vanité des Cours, & le faste des Rois. Un zêlé défenseur de la liberté disoit, que *l'attirail superflu d'une Monarchie est plus que suffisant pour fournir aux besoins d'un Etat Républicain.* (9)

(9) Voyez Milton *Oeuvres politiques.* Les revenus que Philippe second tiroit des sept Provinces, qui forment aujourd'hui la République des Provinces unies, ne montoient qu'à 80000. écus. (environ 400000. livres tournois) les revenus de la Province de Hollande seule montoient en l'année 1700. à 22,241,339. Florins qui font 46,706,811. livres tournois.

VOYEZ IDÉES RÉPUBLICAINES. page 29.

D'UN autre côté l'on ne trouve presque point de sûreté & de fixité dans le sort des citoyens d'un Etat, dont les destinées heureuses ou malheureuses dépendent uniquement des vertus & des vices, de la raison ou du délire, de la vigueur ou de la foiblesse d'un seul homme, que tout ce qui l'environne s'efforce de tromper & de corrompre.

CEPENDANT les partisans du Gouvernement Monarchique le louent par sa stabilité & sa durée, tandis que les Républiques sont sujettes à des secousses & des désordres continuels. Mais *les tumultes & les guerres civiles ne sont point, selon Sidney, les plus grands maux qui peuvent arriver aux nations.* La tranquilité & la durée du Gouvernement Monarchique ne prouvent point sa supériorité sur le Gouvernement Républiquain. Le Despotisme lui-même paroît quelquefois régner paisiblement sur les nations qu'il engourdit dans ses fers. Les convulsions des Républiques ressemblent assez aux maladies aiguës auxquelles les tempéraments robustes & sanguins sont le plus exposés. La tranquillité des Monarchies & des Etats despotiques ressemblent à ces maladies chroniques, qui minent peu à peu le corps de l'homme, & lui causent une foiblesse dont il ne se releve jamais Locke compare la paix que procure le Despotisme à l'antre de Polyphéme où Ulysse & ses compagnons étoient forcés d'attendre en silence leur tour pour être dévorés!

MAIS est-il donc bien vrai que le Despotisme soit un état tranquile? Depuis le Sultan jusqu'au dernier de ses esclaves, tout est environné de terreurs. Le silence morne qui regne dans l'Empire d'un Tyran n'annonce rien moins que la paix. On peut le comparer au calme perfide qu'on voit dans les chaleurs brûlantes qui ne tarde point à être suivi d'affreux orages. J'aime *mieux*, disoit un Polonois, *une liberté environnée de périls, qu'un esclavage paisible* (10). Il est aisé de vivre en paix dans des Etats que l'on change en déserts (11). Mais l'histoire nous prouve que la paix d'un Despote est sujette à être troublée par des révolutions qui, non seulement le précipitent de son trône, mais encore lui coutent la vie. Si la Tyrannie peut être permanente, les Tyrans qui l'exercent sont de peu de durée.

Aux effervescences subites, & souvent cruelles & longues des Républiques, on voit communément succéder la langueur & l'engourdissement mortel que produit le Despotisme, dans le sein duquel les peuples vont souvent se reposer des transports que leur ont causé leurs folies: dans l'espoir de se remettre, ils se soumettent à quelque tyran qu'ils laissent travailler sans obstacles à leur destruction finale.

Toutes les formes de gouvernement ont, & leurs avantages, & leurs désavantages. La Monarchie anéantit communément la félicité publique, pour contenter l'ambition & l'avidité d'un maître que jamais ne peut rassasier la cour qui l'environne. Une Noblesse remuante, & pour

(10) *Malo periculosam libertatem quam quietum servitium*, disoit le Palatin de Posnanie pere du Roi Stanislas Leczinski.

(11) *Ubi solitudinem faciunt, pacem appellant.*

qui la paix eſt un état violent, l'excite inceſſament à la guerre: des armées nombreuſes dévorent ſa Nation, qui peu à peu tombe dans l'indigence & la miſere: le Monarque, que ſes beſoins ont rendu injuſte & deſpotique, finit à force d'oppreſſions, par ne régner que ſur des Etats changés en ſolitudes & dépourvus de culture, de commerce, de force & d'induſtrie.

La Démocratie, en proie aux cabales, à la licence, à l'anarchie, ne procure aucun bonheur à ſes citoyens, & les rend ſouvent plus inquiets de leur ſort, que les ſujets d'un Deſpote ou d'un Tyran. Un Peuple ſans lumieres, ſans raiſon, ſans équité ne peut avoir que des flatteurs & n'a jamais d'amis ſinceres. Comment en auroit-il? Il dégoûte & punit ſouvent ceux qui le ſervent le mieux: il eſt ingrat, il craint ſes bienfaiteurs, parce qu'il eſt ombrageux: il opprime la vertu, parce qu'il en eſt jaloux: il ſe livre à des ſcélérats, parce que les gens de bien l'abandonnent. Des charlatans politiques le conduiſent de folies en folies, juſqu'à ce qu'il ait écraſé la liberté apparente dont il pouvoit jouir, ſous le poids de ſes propres fureurs.

L'Aristocratie ne nous préſente pas des ſcenes plus riantes. On y voit des Nobles, des Magiſtrats, des Sénateurs orgueilleux qui, concentrés en eux-mêmes, ſacrifient l'Etat à leurs intérêts perſonnels. Le plébéien y eſſuie les dédains de ſes maîtres altiers dans leſquels il ne voit que des tyrans diſpoſés à ſe pardonner réciproquement les iniquités qu'ils font eſſuyer à leurs ſujets. Cependant il n'eſt point de bonheur pour ces Souverains eux-mêmes: forcés de vivre dans une jalousie continuelle, les collegues ne sont occupés qu'à s'observer les uns les autres, à se combattre sourdement, à se dresser des embûches: il n'est point de vraie liberté sous un gouvernement soupçonneux; tout le monde y vit dans l'inquiétude, chaque citoyen craint son concitoyen. Quelle peut être la félicité d'un Etat d'où la confiance est bannie?

Dans les différentes réformes que les hommes ont faites pour améliorer leurs gouvernements, la raison, l'utilité réelle de l'Etat, le bien public ne furent presque jamais consultés. Tous les changemens qui furent tentés, n'ont été pour l'ordinaire que les ouvrages informes du trouble, de la discorde, du vertige, de l'ambition, du fanatisme. D'après de pareils mobiles, il n'est pas surprenant que, bien loin de rendre leur sort meilleur, les Nations n'aient souvent fait que le rendre plus déplorables. Les peuples toujours enivrés des folies qu'on leur inspire, ne sont pour l'ordinaire que les instruments aveugles de quelques factieux qui leur font espérer la fin d'abus souvent légers dont ils se plaignent, & qu'ils s'exagerent; & qui ne tardent pas à leur faire éprouver des maux plus réels que ceux qui leur donnoient de l'humeur.

Il n'existe point encore de Constitution Politique bien ordonnée sur la terre. Le hasard, la déraison, la violence ont jusqu'ici présidé à l'établissement des gouvernements, ainsi qu'à leurs réformes, & non la réflexion, la prévoyance, l'équité, l'amour de la Patrie. Les révolutions les plus

plus ſanglantes n'ont fait pour l'ordinaire que bannir des noms, que changer de vaines formes, ſans jamais toucher à la ſource du mal; elles ont fait diſparoître des tyrans, en laiſſant ſubſiſter les racines de la tyrannie, toujours prêtes à repouſſer ſous quelques formes nouvelles. A la ſuite des révolutions, les peuples rentrent ſous l'ancien joug, ou ſous quelque joug nouveau; dès que l'orage eſt paſſé, vous ne leur voyez prendre aucunes précautions pour l'avenir. Un Tyran mort ou chaſſé eſt remplacé par un nouveau Tyran, ſouvent plus implacable & plus méchant que le premier. Le vulgaire mécontent ne ſe conduit pas avec plus de ſagacité, que le chien qui s'en prend à la pierre qu'on lui jette, ſans aller juſqu'au bras qui l'a lancée.

Quels effets vraiment utiles a-t-on vu réſulter dans un grand nombre de pays de tant de guerres civiles, de tant de révoltes, de tant de tyrans détrônés, expulſés, aſſaſſinés (12)? Le ſort des peuples a-t-il changé pour cela; en ſont-ils devenus plus libres, plus fortunés? Ces ſanglantes tragédies, ſi ſouvent réitérées dans l'Aſie, ont-elles procuré quelque ſoulagement à des eſclaves que l'ignorance & la ſuperſtition ſemblent avoir deſtinés à des chaînes éternelles? Il faut des lumieres, de la prudence, de la vertu pour réformer une adminiſtration vicieuſe; il faut de la raiſon pour connoître le prix de la vraie liber-

(12) La mort du Roi Charles I. ne fut d'aucune utilité au Peuple Anglois; ſon Roi fut remplacé par Cromwell qui fut un Tyran. L'exemple de ce même Prince ne ſervit de rien à ſes deux fils; Charles II. fut un Tyran de belle humeur, continuellement occupé à opprimer ſes ſujets, Jacques II., ſon ſucceſſeur & ſon frere, ſe fit chaſſer par ſa cruauté & ſon fanatiſme tyrannique.

té; il faut du courage & de la prévoyance pour l'établir fur des fondements folides; la liberté qui s'acquiert par le défordre, l'ambition & la licence ne peut être de longue durée.

Non; ce n'eft poiut par des convulfions dangereufes, ce n'eft point par des combats, des régicides & des crimes inutiles que les plaies des nations pourront fe refermer. Ces remedes violents font toujours plus cruels que les maux que l'on veut faire difparoître. C'eft à l'aide de la vérité que l'on peut faire defcendre Aftrée parmi les habitans de la terre. La voix de la raifon n'eft ni féditieufe ni fanguinaire. Les réformes qu'elle propofe, pour être lentes, n'en font que mieux concertées. En s'éclairant, les hommes s'adouciffent; ils connoiffent le prix de la paix; ils apprennent à tolérer les abus que, fans danger pour l'Etat, on ne peut anéantir tout d'un coup. Si l'équité permet aux nations de mettre fin à leurs peines, elle défend au citoyen ifolé de troubler la patrie & lui ordonne de facrifier fon intérêt à celui de la Société. C'eft en rectifiant l'opinion, en combattant le préjugé, en faifant connoître aux Princes & aux Peuples le prix de l'équité, que la raifon peut fe promettre de guérir les maux du genre humain, & d'établir folidement le regne de la liberté.

CHAPITRE III.

De la Liberté.

QUOIQUE rien ne ſoit plus néceſſaire au bonheur des peuples que la liberté, ceux qui furent chargés du ſoin de les gouverner, ſe crurent toujours fortement intéreſſés à les en priver, afin d'être eux-mêmes à portée de donner un libre cours à leurs propres paſſions. Le Deſpotisme a ſa ſource dans le cœur même de l'homme, qui, s'il n'eſt retenu par la juſtice ou la force, cherche à ſe rendre lui-même indépendant des autres, & voudroit les ſubjuguer, dans l'eſpoir de les obliger à ſeconder ſes vues. Il n'y a qu'une raiſon éclairée qui puiſſe guérir de ce préjugé fâcheux, & faire ſentir qu'on ne peut acquérir des droits réels, ou exercer une autorité légitime ſur ſes ſemblables, qu'en leur procurant des avantages & en leur montrant des vertus. Les Princes pour la plupart, méconnoiſſent ces vérités: ils trouvent bien plus court d'aſſervir tout d'un coup leurs ſujets, que d'acquérir par des travaux pénibles & ſuivis, les lumieres requiſes pour bien gouverner, ou que de ſe ſoumettre au joug de l'équité qui leur parut peu conforme à leurs intérêts perſonnels.

LE pouvoir arbitraire, le deſpotiſme, ou la faculté de faire plier les Nations ſous leurs volontés & leurs fantaiſies, fut communément l'objet de l'ambition des Souverains, le centre de leurs défirs, le but de tous leurs efforts. Ils ne fe crurent vraiment puiffants, heureux & grands, que lorfque tout leur fut permis; ils fe regarderent comme foibles & méprifables, tant qu'il fe trouva dans les fociétés, quelque obftacle affez fort pour réfifter à leurs paffions. Uniquement occupés du projet de contenter leurs caprices du moment, incapables de porter leurs regards fur l'avenir, perpétuellement excités par des Miniftres qui, pour tyrannifer eux-mêmes, voulurent toujours faire des tyrans de leurs maîtres, les Rois méconnurent leurs propres intérêts qui n'auroient jamais dû fe féparer de ceux de leurs Nations: ils ne fentirent pas que nul pouvoir fur la terre ne peut être affûré, s'il ne fe fait des limites à lui-même (13).

En conféquence de ces fauffes idées des Souverains, il y eut prefqu'en tout tems & en tout pays une lutte continuelle entre les Peuples, qui tâcherent de défendre quelques portions de leur liberté, & les Princes, qui chercherent à l'anéantir tout-à-fait. Ceux-ci eurent communément l'avantage dans ce combat; les Princes dans toutes les Nations eurent toujours entre leurs mains, les mobiles les plus capables de déterminer les hommes à concourir à leurs deffeins. Ils furent par-tout, & les maîtres des armées, & les dépofitaires des tréfors, & les difpenfateurs des honneurs & des graces. Ils furent donc à portée d'écrafer ceux de leurs fujets que leurs bienfaits ne purent féduire; ils les diviferent d'intérêts, &

(13) *Ea demum tuta eft potentia quæ viribus fuis modum imponit.*

SALLUST.

les nations ainſi partagées & trahies par des citoyens vendus ou intimidés, ne purent oppoſer qu'une réſiſtance très foible, aux efforts redoublés de leurs chefs, dont la volonté fut conſtante; qui employerent tantôt la force & tantôt la ruſe; qui ſe ſervirent à propos de l'eſpérance & de la crainte, & dont l'ambition active tendit toujours vers ſon but, ſans le perdre jamais de vue. Les Nations furent trop heureuſes; quand elles purent conſerver quelques moyens pour ſe défendre des coups portés à leurs droits naturels par ceux qui n'étoient deſtinés qu'à les y maintenir.

NONOBSTANT des combats ſi inégaux, quelques peuples, ſervis par les circonſtances, plutôt que par la prudence, ſont parvenus à conſerver ou à recouvrer, ſinon une liberté entiere & ſolide, du moins une portion de liberté qui leur procura des avantages marqués ſur les autres peuples, forcés, pour la plupart, de ſuccomber ſous le pouvoir de leurs maîtres. Néanmoins juſqu'à préſent les nations n'ont obtenu qu'une liberté précaire qui, faute d'être établie ſur des fondements ſolides, peut ſe perdre à chaque inſtant: celles qui ſe croient les plus libres & qui nous vantent avec emphaſe les avantages de leur heureuſe conſtitution, paroiſſent encore bien éloignées de ſe faire une juſte idée de la liberté, de ſavoir la diſtinguer de l'anarchie ou de la licence, de connoître les moyens de la rendre inébranlable (14).

(14) En Angleterre le Peuple ſe livre à la [illegible] & à des ſéditions très-fréquentes; ceux q[illegible] n'ont encore pu établir aucune ſûreté da[illegible]

Les anciens, quoique fort zêlés pour la liberté, ne nous en ont pas transmis des idées bien précises. Cette liberté fut souvent pour eux, ainsi que pour les modernes, un mot vague, une Divinité inconnue qu'ils adoroient sans se la définir. Pour les Athéniens, la liberté ne fut que la licence effrénée d'un peuple vain, léger, oisif, injuste & cruel avec gaieté, qui souvent crut l'exercer en commettant les crimes les plus noirs & les plus opposés à ses vrais intérêts. Quelle pouvoit être la liberté d'un peuple qui punissoit le mérite & la vertu par l'ostracisme & la ciguë, ou qui persécutoit les Aristides, les Socrates, les Phocions?

Les Romains se crurent libres, dès qu'ils n'eurent plus de Rois. Dupes d'un mot, ils furent dans tous les tems de la République des esclaves inquiets & turbulents, guidés par des tribuns ambitieux qui les souleverent à tout moment, & avec raison, contre des Sénateurs & des Patriciens confédérés pour exercer sur les Plébéiens, & l'usure, & la tyrannie la plus dure. Impatientés de leur joug, à la suite de dissensions, de guerres civiles & de proscriptions sanglantes; affoiblis par leurs fureurs, ces fiers Romains tomberent sous le joug d'un Dictateur, qui les transmit comme son héritage à des Empereurs détestables, sous lesquels ces ennemis du nom royal, furent des esclaves très satisfaits

voleurs exercent leurs brigandages. Les Anglois craignent la *Police*, parce qu'ils la regardent comme un instrument qui, dans la main du Souverain, peut introduire le Despotisme: ils aiment mieux être volés, que de confier au Monarque le soin de les garder, & celui-ci aime mieux laisser voler & assassiner ses sujets, que de leur permettre de se garder eux mêmes & sans lui.

d'avoir du pain & des ſpectacles (15), & dans les cœurs deſquels il ne fut plus poſſible de réveiller aucun ſentiment de liberté.

On nous montre les Pompées, les Catons, les Cicérons, les Brutus comme des champions & des martyrs de la liberté romaine, tandis qu'en regardant la choſe de plus près, on trouvera qu'ils n'ont été réellement que les défenſeurs & les victimes des prétentions injuſtes du Sénat tyrannique, dont l'ambitieux Céſar prétendit affranchir ſes concitoyens: celui-ci, ſous prétexte de délivrer ſa Patrie du joug d'une Ariſtocratie oppreſſive, ſecondé par ſes légions, la mit dans ſes propres fers. Ainſi le peuple le plus libre devint l'eſclave volontaire d'un citoyen rempli de courage & d'artifice qui, après l'avoir gagné par des largeſſes, des ſpectacles, des exploits glorieux, ſçut habilement ſe ſervir du beau nom de liberté pour l'enchaîner à jamais.

Faute d'avoir des idées vraies de la liberté, les Peuples furent communément les dupes de ceux qui ſacrifioient évidemment la Patrie à l'ambition qu'ils avoient d'y jouer eux-mêmes un rôle diſtingué. Les factions dans les corps politiques peuvent être comparées aux héréſies & aux diſputes dans la Religion: les Peuples y prennent part ſans jamais y rien comprendre; ils ſe battent pour des mots auxquels on leur a dit d'attacher de l'importance. *Liberté* ne fut preſqu'en tout pays qu'un mot de ralliement dont des ambitieux impoſteurs ſe ſervirent, comme les Pré-

(15) *Panem & Circenſes.*

Voyez Juvenal. Sat. X. vers 81.

tres du mot *Religion* pour enflammer la multitude. Des fourbes profitent de la crédulité du vulgaire & ne l'échauffent pour la liberté, que dans la vue d'exercer eux-mêmes la plus affreuse des licences.

La liberté, comme on l'a dit ci-devant, est le pouvoir de prendre les moyens nécessaires pour se procurer le bien-être Cette liberté est limitée par la raison ou par l'intérêt de notre propre conservation, même lorsque nous nous trouvons seuls. Dans l'état de société, les limites de la liberté du citoyen sont fixées, soit par l'équité naturelle qui lui défend de nuire aux autres, soit par des loix positives destinées à lui faire observer ses devoirs envers ses associés.

Ainsi dans quelque état que l'homme se trouve, quoiqu'il ait le droit d'etre libre, quoique la liberté politique soit nécessaire à son bonheur, il ne lui est pas permis d'en abuser: seul ou dans l'état de nature, il est puni de l'abus qui nuit à son bien-être: dans la Société, il en est puni par la loi qui protege ses associés, comme elle le protege lui-même.

La Société n'est utile que parce qu'elle fournit à ses membres les moyens de travailler librement à leur bonheur. D'où il suit que le gouvernement, fait pour exécuter les intentions de la Société qu'il représente, doit à ses sujets la liberté nécessaire à leurs travaux, & doit assûrer cette liberté par des loix capables de réprimer tous ceux qui voudroient l'envahir. La liberté est donc une dette, & non une faveur: elle est un bien sans lequel tous les autres avantages disparoiſſent. La Société, le Gouvernement, la Loi ne ſont faits que pour nous tracer la route au bien-être, de façon à ne point mettre d'obſtacles au bien-être des autres.

Un Pays vraîment libre feroit celui où chaque citoyen, protégé par la Loi, jouiroit de la faculté de travailler à ſon propre bien-être, ou à ſon intérêt particulier, & où il ne feroit permis à perſonne d'agir contre l'intérêt général, ou de nuire au bien-être de ſes concitoyens. Une Société eſt libre quand tous ſes membres ſans diſtinction ſont ſoumis à l'équité, qui eſt invariable, & non à la volonté de l'homme ſi ſujette à changer. Une liberté juſte ne laiſſe à chacun que le pouvoir de chercher ſon avantage propre, ſans préjudice de celui d'un autre. On n'eſt plus libre, on eſt licentieux, dès qu'on s'écarte des regles immuables de l'équité, de la vertu, de la morale, que nulle inſtitution ne peut jamais contredire, que nulle Société ne peut anéantir ſans ſe détruire elle-même.

La liberté ne conſiſte donc pas, comme quelques gens l'imaginent, dans une égalité prétendue entre les concitoyens: cette chimere adorée dans les Etats Démocratiques, mais totalement incompatible avec notre nature, qui nous rend inégaux pour les facultés, ſoit du corps, ſoit de l'eſprit. Cette égalité feroit encore injuſte, & dès lors incompatible avec le bien de la Société, qui veut que les citoyens les plus utiles à la choſe publique ſoient les plus honorés, les mieux récompenſés, ſans être pour celà diſpenſés de la loi générale qui preſcrit à tous des regles uniformes.

La vraie liberté consiste à se conformer à des loix qui remédient à l'inégalité naturelle des hommes, c'est-à-dire, qui protégent également le riche & le pauvre, les grands & les petits, les souverains & les sujets. D'où l'on voit que la liberté est également avantageuse à tous les membres de la Société.

QUAND on nous dit que les loix doivent être stables & permanentes, on ne veut pas indiquer par là que jamais ces loix ne puissent être changées: les circonstances & les besoins des nations n'étant pas éternellement les mêmes, leurs loix sont faites pour se régler sur ces circonstances & ces besoins. (16) Les loix ont toute la fixité & la stabilité convenable, quand personne ne peut les changer, sans l'aveu de la nation, pour qui ces loix sont faites. Par-tout où quelqu'un est le maître de changer les loix sans l'approbation de la Société, il ne peut pas y avoir de liberté.

QUELQUE soit la forme du Gouvernement, l'on est libre par-tout où il n'est permis à personne d'exercer la licence ou de toucher aux loix: on est esclave par-tout où ceux qui gouvernent, peuvent se mettre au-dessus de la justice & des loix. La loi assûre la liberté, elle ne la détruit pas; elle est faite pour lier les mains de tous ceux qui voudroient envahir la liberté des autres ou les priver de leurs droits. Tout Souverain qui veut empiéter sur la liberté de son Peuple, est un

(16) On assure que dans la République de Gênes, la durée de toute loi est fixée à cinquante ans, au bout desquels le Sénat délibere pour savoir si elle doit être abrogée, ou si l'on doit continuer de l'observer. Les loix que le sage Locke avoit faites pour la colonie de la Caroline, ne devoient durer que cent ans.

prévaricateur, un usurpateur, un ennemi de la Société. La liberté ne donne pas le droit de résister à l'autorité, ou de s'exempter des regles; elle donne le droit de faire ce qu'on doit vouloir & non pas ce qu'on veut. En un mot, être libre, c'est n'obéir qu'aux loix.

Un citoyen n'exerce pas sa liberté en résistant à une autorité légitime; il est alors un insensé qui brise la barriere destinée à le garantir lui-même. *Tout citoyen*, dit Locke, *qui renverse un gouvernement équitable, se rend coupable du sang & des maux de ses concitoyens*. Tout souverain qui anéantit les loix, est un forcené qui s'expose à la licence des citoyens qu'il a lui-même déchaînés.

Les passions des hommes doivent être, ou contenues par la raison, ou réprimées par la crainte. Tout homme qui ne craint rien sur la terre, ou qui n'écoute pas la raison, devient un être insociable. Une nation qui connoît le prix de sa liberté, doit désarmer l'ambition de ses chefs, la priver de la force dont elle pourroit abuser, lui prescrire des regles qu'elle ne puisse enfreindre sans danger. En un mot, c'est évidemment à la Société qu'il appartient de régler la maniere dont elle veut être gouvernée, & de juger si les regles sont fidélement observées.

Mais, comme on a vu, la violence & le désordre ont seuls présidé, soit à l'établissement, soit aux réformes des gouvernements. Les nations sans expérience ont rarement sçu ce qu'elles devoient exiger de leurs souverains, & n'ont eu ni la force, ni la prudence, ni la prévoyance nécessaires pour leur prescrire des regles d'adminiſtration; quand elles en ont fait, elles ont été ſi vagues & ſi peu préciſes, qu'il fut toujours facile à l'audace de les étendre, ou à l'adreſſe de les éluder. Les loix qui reglent le pouvoir ſuprême, devroient être les plus ſimples & les plus claires de toutes; elles ſont les plus importantes au bonheur ſocial; dans les cas incertains ou douteux, c'eſt à la nation ſeule qu'appartient le droit de les interprêter, de les étendre ou de les raſſûrer, en un mot, de faire connoître ſes vraies intentions.

Il n'exiſte pas encore de forme de gouvernement, par laquelle la liberté publique ſoit convenablement aſſûrée & l'ambition des chefs efficacement contenue. La liberté eſt incertaine & chancelante dans les nations mêmes qui en paroiſſent le plus fortement épriſes; elle eſt totalement bannie de toutes les autres contrées de la terre où ſon nom même eſt entiérement ignoré. (17)

(17) Un peuple de Lahor & de Kachemire appellé *Seyk* eſt gouverné par quatre Magiſtrats élus tous les ans par leurs concitoyens. Le Souverain de cette nation eſt un livre placé ſur un thrône avec un ſabre, un bouclier & un poignard: par ces ſymboles ce Peuple Républicain déſigne qu'il n'eſt gouverné que par la loi qui punit, qui protege & qui commande également aux chefs & aux citoyens. Les quatre Magiſtrats ſont chargés de conſulter le livre & d'annoncer au Peuple les oracles de la loi qui ſont reçus avec une vénération profonde. D'autres relations nous apprennent que ce Peuple eſt ſans culte ainſi que ſans Monarque, & qu'il eſt le plus vertueux & le plus courageux de l'Indoſtan.

VOYEZ LE JOURNAL DES BEAUX ARTS MARS 1771. PAG. 408. ET SS. ET DOW. HIST. DE L'INDOSTAN.

CHAPITRE IV.

Du Gouvernement mixte. Des Représentans d'une Nation.

DANS la vue de remédier aux abus & aux inconvénients de chacun des gouvernements dont nous avons parlé, quelques Peuples ont imaginé des Gouvernements *mixtes*, c'eſt-à-dire dans lesquels l'Autorité Souveraine fût partagée & contrebalancée par des corps, chargés de ſtipuler les intérêts de la Société & de réclamer en ſon nom contre les abus dont elle peut ſouffrir. La néceſſité de ces corps eſt déjà un vice dans la conſtitution d'un Etat, où les intérêts du Souverain ne devroient jamais être oppoſés à ceux de ſes Sujets. Ceux-ci connurent très rarement les vrais moyens de ſe mettre en garde contre une autorité, deſtinée à les protéger & à les rendre heureux.

LES Nations, compoſées d'une foule d'individus peu d'accord, ne purent pas communément ſtipuler par elles-mêmes leurs propres intérêts: elles furent obligées de choiſir des *Repréſentans*, c'eſt-à-dire des citoyens qu'elles chargerent de parler en leur nom, d'expoſer au Souverain leurs intentions, leurs beſoins & leurs vœux. Dans preſque tous les pays ſoumis au Gouvernement Monarchique, nous voyons quelque corps chargé de délibérer avec le Prince ſur les affaires publiques. Le Sénat Romain établi par Romulus fut un corps de Repréſentans, ou un Conſeil National établi par le Souverain lui-même. Suivant Tacite, toutes les Nations de la Germanie jouiſſoient d'un Gouvernement mixte, dans lequel le chef délibéroit avec les guerriers les plus distingués ou les nobles, qui concouroient avec lui dans la confection des loix & dans les affaires d'importance. On retrouve la même forme de gouvernement chez les Scythes, les Tartares, les Sarmates, les anciens Saxons; & chez les Modernes parmi les Polonois, les Suédois, les Allemands, les Anglois, les François, &c.

Les gouvernements pour la plupart, comme on a vu ci-devant, ſe ſont établis par la force des armes. Les Peuples vaincus reçurent la loi des vainqueurs, qui communément les gouvernerent d'une façon militaire. Réduits en eſclavage, ces Peuples n'eurent point de part à l'adminiſtration publique, ils ne furent comptés pour rien dans l'Etat; les guerriers coopérateurs de la conquête devinrent les ſeuls Repréſentans de la Nation, & réglerent ſon ſort conjointement avec le Souverain. Mais ces Repréſentans, établis par la force ou par la volonté du Prince, ſongerent rarement à ſtipuler les intérêts d'un Peuple mépriſé; ils ne penſerent qu'à leurs propres intérêts, qui déciderent de tout & devinrent la loi générale: ils profiterent de la foibleſſe des Rois pour limiter l'autorité ſuprême que ceux-ci ne purent maintenir contre des guerriers turbulents & ſéditieux qui jamais ne connurent d'autre loi que la force. Ainſi ces Repréſentans devinrent des tyrans également incommodes & pour les Souverains & pour les Sujets. Tel fut l'état des chofes durant le brigandage fyftématique connu fous le nom de *Gouvernement Féodal* qui pendant un grand nombre de fiecles, régla le fort de presque toutes les Nations Européennes, & qui fubfifte encore, en tout ou en partie, chez quelques Peuples modernes. Les Nobles ou les Grands font prefqu'en tout pays les Repréfentans nés des Nations; en conféquence les Nations font communément facrifiées aux intérêts des Grands, qui, après les avoir féparé de ceux de la Société, finiffent tôt ou tard par devenir les efclaves d'un Prince habile.

Les Rois profiterent habilement des divifions continuelles de ces Repréfentans, armés pour les foumettre à l'Autorité Souveraine. Dans la vue de contrebalancer leur pouvoir, ils admirent le Peuple, fous le nom de *Communes* ou de *Tiers-Etat*, dans les affemblées nationales, où celui-ci fut repréfenté par des citoyens de fon corps. De cette maniere, la partie la plus nombreufe de la Nation obtint le droit de prendre part aux affaires & de ftipuler fes propres intérêts. Mais comme ces intérêts ne s'accorderent que rarement avec ceux des Princes, ceux-ci fe fervirent des forces & des richeffes dépofées dans leurs mains, pour divifer, intimider, corrompre les Repréfentans de leurs Nations, qui eurent fouvent autant à redouter la trahifon ou la vénalité de ceux qu'elles avoient chargés de ménager leurs droits, que les entreprifes violentes ou les artifices de la puiffance fuprême. Les Souverains, qui toujours tendirent au Defpotifme, ont fouvent réuffi à détruire peu-à-peu les corps anciennement chargés de tempérer & de balancer leur pouvoir;

ces corps font anéantis dans plufieurs contrées; mais quand les Rois n'ont pu parvenir à les faire difparoître, ils fe font fervis de l'appas des titres, des récompenfes, des places, des richeffes pour mettre dans leurs propres intérêts ceux qu'ils voyoient chargés des intérêts de leurs Peuples Ainfi, la repréfentation devint illufoire, & la Puiffance Souveraine trouva pour l'ordinaire, dans les Repréfentans des Nations, des hommes toujours difpofés à entrer dans fes vues, & à munir fes volontés de leurs fuffrages vénaux.

C'est ainfi que par l'activité des Princes ou de leurs Miniftres, par la perfidie des Repréfentans des Peuples, par la divifion des intérêts des différents Ordres de l'Etat, par la négligence ou l'inexpérience des Nations, la liberté fe perd peu à peu, & finit fouvent par faire place, à un defpotifme avéré, qui parvient quelquefois à l'éteindre totalement, dans le cœur même des fujets.

Le problême le plus important en Politique, c'eft de trouver le moyen d'empêcher que ceux qui n'ont aucune part au Gouvernement ne deviennent la proie de ceux qui les gouvernent. Quels remedes oppofer à l'ambition des Princes toujours prêts à tout envahir? Comment une Nation peut-elle fe mettre en garde contre les trahifons de ceux qu'elle charge de parler en fon nom? Comment garantir fes Repréfentans des féductions de la Puiffance Souveraine qui diftribue tous les biens que les hommes défirent? Ces effets ne peuvent s'opérer que par le moyen de bonnes loix, faites pour fixer les droits & des Souverains & des Repréfentans du Peuple, & pour réunir d'intérêts tous les membres de la Société.

Une trop grande maſſe de pouvoir & de richeſſes confiée au Monarque, des prérogatives trop étendues, des droits indéfinis, ſont des choſes qui l'inviteront toujours à empiéter ſur les droits légitimes de ſon Peuple. Un Prince toujours armé deviendra tôt ou tard le maître abſolu d'un Peuple déſarmé ; celui-ci n'aura jamais la force de parer les coups inopinés que l'autorité ſouveraine voudra lui porter. Tant de nations ne ſont aſſerviés, que parce qu'en tout pays leurs chefs ont à leurs ordres des mercenaires, des hommes ſans Patrie, ou qui ne connoiſſent pas d'autres liens que ceux qui les attachent aux intérêts de leurs maîtres. C'eſt de la Société que doivent dépendre les citoyens qu'elle ſtipendie ; c'eſt à la Société qu'ils doivent jurer d'être fideles ; nulle puiſſance ne peut avoir le droit d'armer contre la Patrie les enfans qu'elle nourrit C'eſt pour ſe défendre, qu'une nation a des armées. Ce n'eſt pas pour être aſſervie qu'elle entretient des ſoldats : une nation armée tient dans ſes mains ſa propre ſûreté. Dans un pays jaloux de ſa liberté, tout citoyen devroit être en état de porter les armes. Si le métier de la guerre faiſoit partie de l'éducation publique, nulle force ne pourroit uſurper les juſtes droits d'un peuple.

Les deniers publics levés ſur le travail & les poſſeſſions des citoyens, ſont deſtinés à ſervir aux vrais beſoins de l'Etat ; ils ne ſont pas faits pour entretenir la ſplendeur & la vanité d'une cour, ou pour corrompre les Repréſentans du Peuple. Ce n'eſt pas pour alimenter la pareſſe de quelques courtiſans inutiles, ou pour récompenſer les conſeils perfides de quelques favoris, que les citoyens ſacrifient une portion de leurs biens. Les tréſors d'une nation ne peuvent ſans une prévarication manifeſte être employés à la corruption ou à payer des traîtres. La Nation elle-même doit confier les fonds deſtinés au maintien de la choſe publique, à des hommes choiſis qui lui en rendent un compte fidele à elle-même, ſous peine d'être ſévérement punis. Les malverſations, & les vols publics ſont-ils donc les ſeuls que les loix doivent autoriſer?

Pour être fidélement repréſentée, la Nation choiſira des citoyens liés à l'Etat par leurs poſſeſſions, intéreſſés à ſa conſervation ainſi qu'au maintien de la liberté, ſans laquelle il ne peut y avoir ni bonheur ni ſûreté. En vain une Société remettroit-elle ſon ſort entre les mains d'hommes avares, vicieux, débauchés, ſans conduite, ſans lumieres, ſans probité, qui ne connoîtroient point les droits de l'équité; le Peuple ne ſe trompe gueres ſur les hommes qu'il a ſous les yeux; quiconque a du mérite & des talents ſe fait bientôt connoître à ſes concitoyens. Une nation doit choiſir des gens de bien, ſi elle veut être tranquille ſur ſes intérêts.

Pour avoir des Repréſentans dignes de ſtipuler les intérêts de la Patrie, la vénalité, la corruption, la licence & la brigue doivent être rigoureuſement bannies des élections; un Peuple qui vend lâchement ſes ſuffrages, doit s'attendre à être lâchement revendu. La voie tranquille du ſcrutin doit être préférée à ces élections tumultueuſes qui néceſſairement font diſparoître le ſang froid de la raiſon. Quels fruits peut-on ſe promettre de Repréſentans élus au milieu de la crapule & dans des orgies auſſi turbulentes, que le feſtin des Centaures & des Lapithes!

SATISFAITS du choix honorable de leurs concitoyens, ou, ſi l'on veut, du ſalaire fixé par la Nation, les Repréſentans s'engageront de la façon la plus ſolemnelle à ne recevoir ni faveurs, ni penſions, ni graces du Thrône, ſous peine d'être déchus par le fait du droit de ſtipuler les intérêts de leurs concitoyens. Que ceux-ci d'ailleurs ſe conſervent le droit de révoquer les pouvoirs qu'ils trouveront avoir remis en des mains infidelles. N'eſt-il donc pas dans l'ordre que les Repréſentans dépendent de leurs Conſtituants, qui ſeuls doivent juger, s'ils ſont bien ou mal repréſentés?

NUL Repréſentant d'un Peuple ne doit être perpétuel, ni tranſmettre ſon droit à ſa poſtérité. Les intérêts de tout homme ſont ſujets à varier: tout corps permanent ſe fait des droits & des intérêts à part. La naiſſance ne donne ni les talents, ni la ſageſſe, ni les vertus néceſſaires pour remplir des fonctions, deſquelles dépend le bien-être d'une nation entiere. Le mérite perſonnel doit conduire à cette magiſtrature honorable.

LA faculté d'élire des Repréſentans ne peut appartenir qu'à de vrais citoyens, c'eſt-à-dire, à des hommes intéreſſés au bien du Public, liés à la Patrie par des poſſeſſions qui lui répondent de leur attachement. Ce droit n'eſt pas fait pour une populace déſœuvrée, pour des vagabonds indigents, pour des ames viles & mercénaires.

Des hommes qui ne tiennent point à l'Etat, ne ſont pas faits pour choiſir les adminiſtrateurs de l'Etat.

PAR le mot *Peuple*, on ne déſigne point ici une populace imbécille qui, privée de lumieres & de bon ſens, peut à chaque inſtant devenir l'inſtrument & le complice des Démagogues turbulents qui voudroient troubler la Société. Tout homme qui a de quoi ſubſiſter honnêtement du fruit de ſa poſſeſſion, tout pere de famille qui a des terres dans un pays, doit être regardé comme citoyen. L'artiſan, le marchand, le mercénaire doivent être protégés par l'Etat qu'ils ſervent utilement à leur maniere, mais ils n'en ſont de vrais membres, que, lorſque par leur travail & leur induſtrie, ils y ont acquis des biens fonds. C'eſt le ſol, c'eſt la glebe qui fait le citoyen; un Politique moderne a dit avec raiſon que, *la terre conſtitue la baſe phyſique & politique d'un Etat.*

UNE Repréſentation ſagement diſtribuée pourroit remédier aux inconvénients qui réſultent de la trop grande étendue d'une nation. Dans ce cas chaque Province ou diſtrict pourroit avoir une aſſemblée de Repréſentants ou d'Etats Provinciaux, établie dans chaque diſtrict, qui choiſiroient quelques-uns de leurs membres ou députés pour ſe rendre à l'Aſſemblée Nationale, ou aux Etats Généraux. Ces Etats particuliers donneroient leurs inſtructions à leurs Députés, & leur preſcriroient la conduite qu'ils auroient à ſuivre d'après le vœu du diſtrict ou de la Province.

ENFIN les Etats ou Repréſentans d'une nation doivent avoir le droit de s'aſſembler à volonté, pour travailler aux affaires publiques, ou bien à des tems fixés, ſans avoir beſoin d'une convocation expreſſe: ils doivent pareillement ſe ſéparer de leur plein gré. L'expérience nous montre que les Princes, toujours ennemis des obſtacles qui s'oppoſent à leurs volontés arbitraires, ne ſont pas empreſſés à convoquer les Repréſentans de leurs Peuples; ou bien ils diſſolvent leurs aſſemblées, dès qu'ils ne prévoient pas pouvoir les amener à leurs vues.

CHAPITRE V.

De la Liberté de penſer. Influence de la Liberté ſur les Mœurs.

La libre communication des idées, l'inſtruction, la publication des découvertes utiles ſont des choſes intéreſſantes pour toute Société. Tout bon citoyen doit ſes talents & ſes lumieres à ſes aſſociés. Ainſi, dans un pays bien gouverné, l'homme eſt en droit de penſer, de parler & d'écrire; cette liberté eſt une digue puiſſante & néceſſaire contre les complots & les attentats de la tyrannie. Un bon avis, un écrit peuvent être quelquefois des ſervices importans. Il n'eſt point de citoyen qui ne doive contribuer à la félicité de ſon pays; l'homme qui penſe, inutile & déſagréable ſous le Deſpotiſme, ſert ſa Patrie par ſes recherches & ſes réflexions. L'apathie, l'indifférence pour le bien public ne peuvent être des vertus, que dans des eſclaves; elles n'en ſont pas pour l'homme de bien qui doit s'intéresser au bonheur de sa Patrie.

Celui qui, sous prétexte de servir la Société, ne cherche qu'à la troubler en calomniant ses chefs, en allarmant mal-à-propos ses concitoyens, en plongeant le poignard dans le cœur de ses associés, un tel homme, dis-je, n'exerce point sa liberté, mais sa méchanceté. On ne trouble point par des écrits un pays bien gouverné; une administration équitable a dans sa conduite même de quoi confondre l'imposture. La vertu est un bouclier impénétrable à la colomnie. Priver les citoyens de la liberté de parler & d'écrire, sous prétexte qu'ils peuvent en abuser, est aussi peu sensé, que de les empêcher d'avoir des flambeaux pour s'éclairer, sous prétexte que l'on peut s'en servir pour produire un incendie.

La liberté de penser en matiere de Religion, ne peut être ravie aux hommes, que par une injustice aussi absurde qu'inutile. Chaque homme ayant reçu la religion de ses peres, y est attaché par habitude, & la suppose nécessaire à son bonheur éternel. Il n'appartient donc qu'à la tyrannie de vouloir lui arracher ce qui lui paroît indispensable à son bien-être. Nonobstant ces réflexions si simples, on ne voit pas, même dans les nations les plus libres, une tolérance complette en matiere de religion. Le Christianisme, insociable par son essence, ne permet gueres aux partisans de sectes différentes de s'aimer. En tout pays la Religion du Prince opprime & fait sentir son antipathie à ceux qui refusent de l'admettre. Rien de plus contraire à l'humanité, à la justice, à la ſociabilité parfaite, que toutes les Religions nationales qui prétendent jouir excluſivement de l'approbation du ciel; elles deviennent communément tyranniques, ennemies de la liberté de l'homme, & foulent aux pieds les devoirs les plus ſaints de la morale.

Les ſectes multipliées ne deviennent dangereuſes dans un Etat, que lorſque l'une d'entre elles s'arroge le droit de perſécuter ou d'opprimer les autres. La violence ſeule fait éclore des fanatiques, & produit des troubles dans l'Etat. La liberté de penſer & d'écrire eſt un contrepoiſon aſſûré contre les folies & les tranſports du fanatiſme. La raiſon cultivée en liberté, répand ſes lumieres chez un peuple libre, & amortit peu-à-peu l'influence des chimeres & des terreurs paniques. D'ailleurs ſous un gouvernement heureux & ſage, les impoſteurs n'ont pas de motifs pour échauffer les eſprits; ce n'eſt que dans une nation opprimée & mécontente, que les fourbes trouvent des matériaux diſpoſés à s'allumer. Une nation vraiment libre ſeroit bientôt heureuſe & raiſonnable, & par conſéquent très difficile à troubler.

On nous dira peut-être que les pays libres que nous voyons aujourd'hui, ſont ſujets à des troubles fréquents, & à des factions continuelles. Mais il eſt aiſé de voir que ces déſordres viennent de ce que, même dans les nations les plus libres, la liberté n'eſt point encore établie ſur une baſe aſſez ſolide. On eſt forcé de craindre ſans ceſſe pour elle, ſur-tout quand on a lieu de voir qu'elle eſt ſans ceſſe ouvertement & ſourdement attaquée par des ennemis puiſſants, &

défendue par des amis foibles ou des traîtres. D'ailleurs, comme on a déjà dit, les agitations auxquelles des pays libres sont souvent exposés, seroient elles-mêmes préférables à la stagnation mortelle que le despotisme produit. Mais nous avons déjà fait voir ce que l'on doit penser de la tranquillité que le Despotisme procure; & tout nous prouve que c'est dans les contrées où il regne avec le plus de violence, que l'on voit les révolutions les plus subites, les plus terribles, les plus fatales aux Souverains.

Les révoltes des peuples sont toujours des effets de l'oppression & de la tyrannie: les peuples ne prennent de la défiance & de la haine pour leurs chefs, qu'après avoir apperçu des marques réitérées de leur mauvaise volonté. L'injustice des Souverains brise les liens de la Société; leur licence invite les Peuples à la licence; leurs attentats provoquent des attentats, ou forcent les Nations à les punir & à se faire justice elles-mêmes. Si les Princes étoient plus justes, les Sujets seroient plus tranquiles: s'ils n'attentoient pas à tout moment sur les droits des hommes & sur leur liberté, ils ne fourniroient pas si souvent des prétextes aux entreprises des factieux, des esprits inquiets & turbulents. En général les hommes préferent le repos au mouvement: leur paresse, leur timidité, l'amour du repos, les liens si puissants de l'habitude les retiennent, tant qu'ils croient entrevoir le terme de leurs peines. Ne voyons-nous pas des peuples très malheureux, qui souffrent en silence, & qui n'osent rien entreprendre pour améliorer leur sort? Il n'y a pour l'ordinaire que l'excès de la tyrannie, qui mette les nations en feu; c'eſt alors les Tyrans que l'on doit regarder comme les vrais incendiaires. Locke nous dit, qu'*une longue ſuite d'oppreſſions, d'abus, de négligences, d'injuſtices, de prévarications font aſſez connoître à tout citoyen raiſonnable, l'état de ſon pays, & en cas que pour lors la nation vienne à s'expliquer, il ſçaura qu'il ne doit pas ſe ranger du côté des brigands & des pirates.*

C'est, je le répete, à la Nation, ſource unique & véritable de toute autorité légitime, qu'il appartient de juger ſi elle eſt bien ou mal gouvernée, bien ou mal repréſentée; ſi ſes loix lui ſont utiles ou nuiſibles. Un Gouvernement, quelqu'il ſoit, eſt fait pour la Nation, & non la Nation pour le Gouvernement. Les Rois ſont faits pour les Peuples, & non les Peuples pour les Rois. Une Nation eſt donc en droit de révoquer, d'annuller, d'étendre, de reſtreindre, d'expliquer, d'altérer tous les pouvoirs qu'elle a donnés: quand elle combat un Tyran, elle combat un furieux, elle ſe défend de ſes coups; ce n'eſt pas elle qui ſe révolte, c'eſt le Tyran. Si chaque individu de notre eſpece a le droit de ſe défendre contre l'aggreſſeur qui l'attaque, par quelle étrange jurisprudence une Nation en corps ſeroit-elle privée d'un droit que l'on ne peut conteſter au dernier des citoyens? Un Peuple peut, non ſeulement réſiſter au Tyran qui l'outrage & qui travaille à ſa ruine, mais encore il peut le traiter en ennemi: s'il a violé les loix, de quel droit réclameroit-il la protection de ces loix? Deſtinées à ſervir de bouclier à ceux qui rempliſſent leurs engagements envers la Société, elles ſont faites pour châtier tous ceux qui s'en déclarent les ennemis.

MAIS ſi les Nations jouiſſent inconteſtablement du droit de punir les Tyrans qui les outragent, ce droit n'appartient aucunement au citoyen iſolé; celui-ci ne pourroit ſans crime ſe rendre juge dans ſa propre cauſe. Le plus juſte des Princes, le plus cher à ſon peuple ne ſeroit pas à couvert des attentats d'un fanatique ou d'un ſcélérat, s'il étoit permis à tout citoyen de juger ou de punir les chefs de la Société. C'eſt à des Loix fondamentales, dictées par la juſtice, la prévoyance, le ſang froid, qu'il appartient de fixer les droits des Princes & les bornes de l'obéiſſance des Sujets. C'eſt d'après ces loix, & non d'après le caprice ou le reſſentiment du citoyen ſouvent aveugle, que les Souverains doivent être jugés. (18)

TOUJOURS inquiets ſur des droits qu'ils ſavent n'être fondés que ſur l'opinion & le préjugé; toujours jaloux d'une autorité qu'ils ne veulent partager avec perſonne; toujours avides d'un deſpotiſme qu'ils ne peuvent exercer ſans allarmes & ſans danger, les Princes regardent communément tous ceux qui réclament en faveur des Peuples, comme des ennemis de toute autorité, tandis qu'ils en ſont les amis les plus ſinceres. Si nul Citoyen n'eſt intéreſſé à vivre dans la ſervi-

(18) Suivant les Loix de Sparte, les Ephores étoient les Juges des Rois, & les puniſſoient au nom de la Nation, quand ils l'avoient mérité: ce Tribunal avoit même le droit de les condamner à la mort. Si Charles I. Roi d'Angleterre fut un Tyran, il fut condamné par des rebelles, qui de leur autorité privée s'établirent Juges du Souverain ſans l'aveu de la Nation. Les peuples preſqu'en tout pays, ou n'ont pu faire des Loix, ou ont ſi pou prévu les cas, que la violence termine ſeule les querelles des Nations avec leurs Chefs. Juſqu'ici dans aucune contrée les hommes ne ſont parvenus à faire, ni des Loix fondamentales ſolides, ni des *Capitulations* ſtables & raiſonnables avec les Souverains.

tude, nul Souverain n'eſt intéreſſé à exercer la tyrannie, qui, comme tout le démontre, devient toujours fatale à celui qui l'exerce, & met en danger ſa vie ainſi que ſon autorité.

Indépendamment de l'équité qui veut que le Souverain rempliſſe ſes devoirs, il eſt de ſon intérêt d'être exactement inſtruit des beſoins, des vœux, des diſpoſitions de ſon Peuple: celui-ci ne peut s'exprimer paiſiblement que par la voix de ſes Repréſentans qui partagent ſes beſoins & forment les mêmes déſirs. Lorſque les loix fondamentales d'un Etat ont négligé d'établir des corps chargés de ſtipuler les intérêts des Nations; ou lorſque la Tyrannie eſt parvenue à fermer la bouche de ceux qui étoient originairement deſtinés a parler en leur nom, par la néceſſité même des choſes, il ſe forme des corps qui repréſentent aux Souverains les vérités que leurs Courtiſans & leurs Miniſtres leur laiſſoient ignorer. En les réduiſant au ſilence, le Prince ne déclare-t-il pas hautement qu'il ne veut pas connoître la vérité, qu'il approuve les abus dont ſes ſujets ſe plaignent, qu'il prétend les éterniſer? Les eſclaves d'un tyran n'ont perſonne qui lui parle pour eux, ils ne lui parlent que par des révoltes, des révolutions, des aſſaſſinats. Les Janiſſaires ſont en Turquie les ſeuls Repréſentans de la nation. Pour les fautes d'un Viſir, ils égorgent un Sultan qui ſouvent ne ſe doute pas que ſon Peuple eſt mécontent. Dans les Gouvernements Deſpotiques, les plus grandes révolutions ſont communément amenées par les cauſes les plus légeres & les plus imprevues. Le Deſpote eſt toujours expoſé aux coups de ſes eſclaves qui jamais ne voient qu'en lui la ſource de leurs maux ; il eſt exterminé ſouvent avec plus de promptitude & moins de formalités que le dernier de ſes Sujets. C'eſt toujours la tyrannie qui arme les mains des hommes contre elle-même. Tels ſont les effets de ce gouvernement dangereux pour lequel les Princes ont la folie de ſoupirer, faute d'en appercevoir les dangers.

Dans un Etat Deſpotique, le Deſpote le plus débonnaire eſt ſouvent traité avec autant de fureur, que le tyran le plus coupable, il eſt puni pour les crimes de tous ſes miniſtres. *Ton regne eſt fini*, diſoit un Effendi au Sultan Achmet, *tes ſujets révoltés ne te veulent plus pour maître, ils demandent à grands cris ton neveu. Que ne m'a-t-on plutôt appris la vérité*, répondit le Sultan accablé. Mais quel eſt le téméraire qui oſeroit parler vrai à un maître dont un ſeul mot peut anéantir ſon eſclave ? Conſeiller un Deſpote, *c'eſt* dit un Perſan, *laver ſes mains dans ſon propre ſang*. Ce n'eſt que dans un pays libre que le Souverain peut entendre la vérité, & jouir en ſûreté d'un pouvoir légitime.

On ne peut trop le répéter aux Princes ; nulle Puiſſance ſur la terre n'eſt aſſurée, ſi elle ne reconnoît des bornes, toujours aſſez fixées par la juſtice & la raiſon. Un pouvoir illimité entre la main de l'homme doit, par la nature même de l'homme, dégénérer en abus, & devenir auſſi funeſte pour celui qui l'exerce, que pour ceux contre leſquels ce pouvoir eſt exercé. Tout prouvera dans le cours de cet ouvrage, que l'intérêt du Souverain ne peut jamais ſans danger ſe ſéparer de celui de la Société qu'il gouverne: cet intérêt demande que l'autorité ſuprême ſoit guidée par la morale, également néceſſaire au bonheur, & de ceux qui gouvernent, & de ceux qui ſont gouvernés.

Il y a dans le pouvoir abſolu quelque choſe de ſi ſéducteur pour ceux qui ne l'ont point enviſagé ſous ſon vrai point de vue, qu'il eſt toujours très difficile d'en ſouſtraire une portion à ceux qui ſont accoutumés à l'exercer tout entier; à ceux qui font conſiſter leur gloire dans la faculté de ſuivre aveuglément leurs fantaiſies; à ceux qui ont entre les mains des forces pour défendre ce pouvoir. L'affranchiſſement des Peuples ne peut être que l'ouvrage de la juſtice, de la ſageſſe, des lumieres, des grandes vues de ceux qui gouvernent; ou bien, à ce défaut, de la prudence des Nations, que des circonſtances heureuſes peuvent quelquefois mettre à portée de réformer les abus qui les ont longtems affligées.

Ce n'eſt qu'en éclairant les hommes, que l'on peut eſpérer de les rendre & meilleurs & plus heureux qu'ils ne ſont. Les Peuples & les Souverains ſont également intéreſſés aux progrès des lumieres, & ces lumieres ne peuvent être que le fruit de la liberté. Ce n'eſt que dans un pays libre, que l'homme apprend à penſer: tout homme qui ne réfléchit point eſt auſſi peu capable de régler ſes mœurs, que de ſe rendre heureux. Le républicain eſt fier; le ſujet du deſpotiſme eſt ſouple & poli; le citoyen libre a du reſſort, de l'énergie, du courage; il connoît ſes droits, il ſent ſa dignité, il s'eſtime lui-même, il fait cas de l'eſtime des autres. Ces diſpoſitions inconnues des ames avilies qui rampent ſous le deſpotiſme, viennent de l'idée de la ſécurité, de la connoiſſance des appuis que la Société procure, de la certitude où l'on eſt que perſonne n'eſt en droit de nuire. Dans une nation libre, chaque citoyen ſe ſent défendu par la loi & ſoutenu par tous ſes concitoyens; il ſçait que ſa perſonne & ſes biens ne ſont point à la merci du plus fort, & que nulle puiſſance ne peut lui arracher des avantages qui lui ſont garantis par tous ſes aſſociés.

Ainsi la liberté ennoblit l'homme, éleve ſon ame, lui inſpire le vrai ſentiment de l'honneur, le rend capable de généroſité, d'amour du bien public, d'enthouſiaſme pour la Patrie, de nobleſſe & de vertu.

Ce n'eſt que dans un pays libre, qu'il exiſte une Patrie digne d'être aimée & défendue par ſes enfans. La Patrie n'eſt qu'une marâtre peu faite pour être aimée, quand elle eſt aſſervie ſous les caprices d'un tyran. C'eſt dans le ſein d'une nation libre, que l'on trouve des vertus publiques: c'eſt là que des citoyens opulents cherchent à plaire à la nation, à mériter ſon eſtime, à s'illuſtrer par des monuments utiles. Des eſclaves abjects n'ont d'autre but que de plaire à leur deſpote & de gagner ſes faveurs par des baſſeſſes. Le pouvoir abſolu amortit l'amour de la Patrie; l'idée du bien public lui fait ombrage; rien ne ſe fait pour la nation; tous les monuments & les travaux n'ont pour objet que de repaître le faſte, la vanité, la fantaiſie du maître; le public dédaigné n'eſt jamais compté pour rien; dans les entreprises les plus ruineuses pour lui, on ne consulte que la commodité du Prince, & jamais, celle des Sujets méprisés. Le bon citoyen est une plante exotique & rare qui ne peut point prendre racine dans un terrein que le despotisme a desséché.

La raison cultivée est le plus sûr antidote contre la corruption des mœurs. Mais la raison ne se cultive que dans un pays de liberté. Le despotisme, ainsi que la superstition, est l'ennemi né de la raison humaine; il ne veut commander qu'à des esclaves privés de raison, de lumieres & de mœurs.

Si dans les pays qui jouissent de la plus grande liberté nous voyons régner des vices & des désordres aussi grands que dans ceux qui sont asservis, c'est que jusques ici les Nations les plus libres n'ont point assez refléchi aux objets faits pour efficacement contribuer au bonheur national; elles n'ont point senti l'importance de l'éducation, la nécessité de former dès l'enfance des citoyens vertueux; elles n'ont point reconnu les vices de ces institutions antiques qui livrent la jeunesse entre les mains des hommes les moins capables de la rendre utile à la Société. Les législateurs de ces nations, entraînés par la routine, ou livrés eux-mêmes à des passions & à des vices nuisibles, n'ont point senti la liaison nécessaire de la vertu avec le bien public, & des lumieres avec la vertu. Ils n'ont pas vu que la liberté ne peut être bien défendue que par des ames nobles, honnêtes, généreuses, & qu'elle ne peut longtems subsister, quand elle n'a pour soutiens que des ames vénales ou des hommes corrompus. Enfin ces législateurs n'ont point assez veillé sur les mœurs du Peuple, qui communément privé de raison, ne sait jamais distinguer la liberté de la licence. Le Peuple étant par-tout la portion la moins instruite & la plus inconsidérée d'une nation, est fait sur-tout pour attirer l'attention du législateur, & doit être contenu par des loix équitables & par une police sévere qui l'empêche de troubler la Société ou de commettre des injustices.

Mais, par un effet naturel de la paresse ou du peu de prévoyance des hommes, ils s'endorment promptement, dès qu'ils jouissent du bien-être présent, & s'occupent très peu de l'avenir. La liberté, continuellement attaquée par l'ambition active, demande à être défendue par des citoyens vigilants. L'engourdissement & le sommeil sont aussi nuisibles à la liberté, que les factions & les dissensions civiles (19). Le despotisme sait mettre tout à profit; quand il ne peut réussir de vive force, il s'introduit à la faveur de la langueur où les richesses & le repos plongent souvent les Nations. L'oppression & le malheur, quand ils n'écrasent pas les hommes tout-à-fait, les tiennent éveillés & pressent fortement le ressort de leurs ames; voilà pourquoi du sein oppressé d'un esclave dont l'ame n'est point encore brisée, l'on entend quelquefois sortir des cris plus perçants que ceux des citoyens d'une Société qui jouit d'une partie de ses droits.

(19) *Libertas per inertiam amittitur.*

Sallust.

CHAPITRE VI.

Réflexions ſur le Gouvernement Britannique.

Si les Nations doivent eſpérer de ſe voir quelque jour plus ſages & plus fortunées, ces effets, comme on vient de le dire, ne peuvent être attendus que du progrès des lumieres, du développement ultérieur de la raiſon humaine, des expériences réitérées, des réflexions ſérieuſes ſur le paſſé, le préſent & l'avenir. S'il eſt rare de trouver des hommes qui réfléchiſſent, il eſt plus rare encore de trouver des nations dont les idées ſe tournent avec ſuite, même ſur les objets les plus intéreſſants pour elles. Les expériences des peres ſont communément perdues pour les enfants. Les révolutions antérieures ſont bientôt oubliées par les ſociétés préſentes. Le gros des hommes ſe laiſſe entraîner par l'habitude, & ne ſe donne gueres la peine de méditer ſur les choſes qui ſe paſſent ſous ſes yeux; on croit que ce qui ſubſiſte a toujours ſubſiſté, & ne peut etre autrement qu'il n'eſt. (20)

Voilà ſans doute la cauſe de cette indifférence preſque générale que l'on trouve dans les hommes ſur les objets qui ſeroient en droit de les in-

(20) *Vivimus ad exempla, nec ratione componimur, ſed conſuetudine abducimur.* Voyez Senec. Epist. 124. *Aſſiduitate quotidianâ & conſuetudine oculorum aſſueſcunt animi, neque admirantur, neque requirunt rationes earum rerum quas vident.*

Voyez Cicero. de Nat. Deorum. Lib. II. Cap. 2.

téreſſer le plus; voilà la cauſe de l'indolence qu'ils montrent, lorſqu'il s'agit de la réforme des mœurs ou des abus politiques. Chacun ſouffre; chacun ſe plaint; chacun deſireroit que les choſes allaſſent autrement, mais bientôt on ſe conſole, par l'idée qu'elles n'ont jamais été & ne ſeront jamais plus ſagement diſpoſées. C'eſt ainſi que preſque tout le monde raiſonne. C'eſt ainſi que la pareſſe des hommes vient à bout d'amortir & de vaincre en eux juſqu'à la tendance naturelle qui les excite à chercher le bien-être. Les Nations, comme les individus, perpétuellement occupées d'objets frivoles, dans leſquels l'opinion & le préjugé leur font placer la félicité ſuprême, perdent à chaque inſtant de vue les objets ſolides & ſur leſquels leur félicité durable devroit s'établir. Des peuples, contents de jouir d'une portion de liberté ſouvent très petite & très précaire, s'enthouſiaſment du commerce, s'enivrent de la paſſion des richeſſes, ſacrifient tout à cette idole vaine, s'engagent à tout moment dans des guerres fatales, ſe ruinent pour s'enrichir; & remplis de ces idées extravagantes, ne ſongent ni à remédier aux abus dont ils ſouffrent le plus, ni à ſe procurer le bonheur intérieur & domeſtique, ni à cimenter par de bonnes loix la liberté publique qu'ils ſont expoſés à voir diſparoître à tout moment. Voilà comment les hommes cherchent toujours le bonheur au-dehors, courent après ſon image, & ne voient pas que c'eſt chez eux qu'il faudroit l'établir.

Appliquons ces réflexions à la Nation Britannique, la plus libre que l'on trouve maintenant ſur la terre; dont le gouvernement paſſe pour le chef-d'œuvre de la ſageſſe humaine ; qui jouit des plus grandes richeſſes & du commerce le plus étendu, & qui pourtant toujours en proie à des factions continuelles, ne renferme que des habitans mécontents de leur ſort & ſouvent plus malheureux que les eſclaves du Deſpotiſme même.

Il ne ſuffit pas d'être riche pour être heureux, il faut encore ſavoir employer ſes richeſſes d'une façon propre à procurer le bonheur. Il ne ſuffit pas d'être libre pour être heureux ; il faut ne point abuſer de la liberté ; ne point la laiſſer dégénérer en licence ; ne point en faire un uſage injuſte. Il ne ſuffit pas d'être libre pour conſerver ſa liberté ; il faut en connoître le prix, la regarder comme le plus grand des biens, & ne point la ſacrifier à des intérêts ſordides ou à la paſſion ſervile de l'argent, qui, plus que toutes les autres, eſt propre à dégrader les ames, à rétrécir le cœur, à conduire l'homme à l'eſclavage.

Le Peuple Anglois, célebre dans l'hiſtoire par ſon amour pour la liberté, qui long-tems le fit combattre avec ſuccès contre ſes Rois, eſt gouverné par un Monarque dont le pouvoir eſt ſuppoſé juſtement balancé par deux Corps chargés de concourir avec lui dans la légiſlation & dans l'adminiſtration des affaires. L'un de ces Corps eſt compoſé des Nobles, des Grands, des *Pairs* du Royaume ; l'autre des Repréſentants du Peuple, choiſis par le Peuple lui-même, qui forment la *Chambre des Communes.*

Dans l'eſprit de bien des gens cette conſtitution paſſe pour le plus grand effort de l'eſprit humain: on croit jouir par ſon moyen des avantages de la Monarchie, de ceux de l'Ariſtocratie, & de la Liberté Démocratique. Mais pour juger ſainement d'une machine ſi compliquée, il faut contempler le jeu de ſes différents reſſorts.

Une Ariſtocratie, compoſée des Grands, dont l'éclat n'eſt jamais qu'une émanation du trône, doit par ſa nature même craindre le pouvoir du Peuple & favoriſer celui du Prince, ſource viſible des titres, des honneurs civils & militaires, des penſions & des graces. Ainſi les intérêts de la portion ariſtocratique ſe confondent évidemment avec ceux du Monarque & ne peuvent preſque jamais s'en ſéparer. Le Roi eſt donc aſſuré de la pluralité des ſuffrages dans la Chambre des Seigneurs. D'ailleurs il y trouve dans les *Seigneurs ſpirituels*, ou dans les Evêques qu'il a nommés, un parti toujours dévoué à ſes volontés. Le Clergé fut en tout tems & en toute contrée bien plus diſpoſé à flatter les Princes dans leurs entrepriſes, qu'à défendre la liberté des Peuples. Le Prêtre, ainſi que le Deſpote, ne veut que des eſclaves & craint ſur-tout la liberté de penſer.

Tous les citoyens d'un Etat ſont également intéreſſés au maintien de la liberté ; toutes les diſtinctions des rangs, tous les privileges devroient diſparoître, quand il s'agit d'un objet ſi important, fait pour ſervir de baſe au bonheur ſocial. Les Grands, comme le Peuple, ont un même intérêt; leur grandeur n'eſt rien, quand elle ne dépend que du caprice d'un maître. La diſtinction vaine & barbare du *Noble* & du

Roturier, eſt-elle faite pour ſubſiſter dans un pays dont tous les citoyens doivent travailler de concert à ſoutenir les droits de la raiſon & de la juſtice, ſans leſquelles la liberté ne peut être ſolide? Eſt-ce donc être libre & grand, que de jouir de privileges contraires à l'équité? „ La „ diſtinction odieuſe & humiliante de *Nobles* & „ de *Roturiers* ne ſignifie dans ſon origine que „ des tyrans & des eſclaves, des inſolents & „ des malheureux. " (21)

La Chambre des Communes qui forme la partie démocratique du Gouvernement Anglois, eſt une aſſemblée nombreuſe, & conſéquemment tumultueuſe & diſcordante de Repréſentans qui, élus une fois, ne prétendent plus être comptables à leurs Conſtituants, & ne peuvent pas être privés du droit de les repréſenter ou de parler pour eux. Ainſi ces Repréſentans peuvent, ſans courir aucun danger, trahir les intérêts du Peuple & vendre ſa liberté au Monarque: celui-ci en vertu de ſes *prérogatives* eſt le diſpenſateur unique des tréſors d'une Nation, qui par là lui fournit les moyens d'acheter les ſuffrages de ceux qu'elle charge de parler en ſon nom. D'où l'on voit clairement que le Souverain & ſes Miniſtres ſont à portée de ſe rendre les maîtres abſolus des Repréſentans du Peuple.

Ces Repréſentans ſont élus par une Populace compoſée en grande partie de citoyens indigents que leur miſere diſpoſe à donner leurs ſuffrages aux candidats qui voudront les payer. C'eſt

(21) Voyez Idées Républicaines. Pag. 7.

au milieu des rixes, des cabales, des combats ſanglants d'une troupe ainſi compoſée, le plus ſouvent plongée dans la crapule & l'ivreſſe, que s'éliſent les hommes qui ſeront chargés de défendre la liberté publique contre les entrepriſes d'un Monarque & d'un Miniſtere en état de corrompre par mille moyens les adverſaires qu'on leur oppoſe. Des Repréſentans de cette trempe lui livreront ſans peine les droits d'un Peuple, qui pour les choiſir, a déjà trafiqué de ſes ſuffrages.

Que peut-il réſulter de cette conduite auſſi ridicule que déſordonnée? Le voici; une Nation à qui ſa liberté a coûté tant de ſang & de travaux n'a pu acquérir juſqu'ici que le droit de vivre dans des tranſes continuelles; pour n'avoir point eu la prudence de ſe réſerver le pouvoir de punir des Repréſentants prévaricateurs, elle eſt forcée de ſouſcrire en ſilence à leurs plus indignes perfidies. Les prérogatives immenſes accordées à un Roi qu'elle fait l'exécuteur des loix auxquelles ſeul il donne leur ſanction; qu'elle rend dépoſitaire du tréſor public; qu'elle laiſſe maître abſolu des armées, ces prérogatives, dis-je, ſuffiſent pour le mettre à portée de ſubjuguer, quand il ſera entreprenant, tous ceux qu'il ne pourra gagner par ſes largeſſes, ſes titres & ſes places.

Une très longue expérience prouve que dans la Grande-Bretagne, le *Patriotiſme* de ceux qui ſe montrent oppoſés à la cour ou au parti du miniſtere, n'a pour objet que d'importuner le Souverain, de contrarier les actions de ſes Miniſtres, de renverſer leurs projets les plus ſenſés, uniquement pour avoir part soi-même au Ministere, c'est-à-dire aux dépouilles de la Nation. Le Patriote Anglois n'est communément qu'un ambitieux qui fait des efforts pour se mettre en la place des ministres qu'il décrie; ou bien un homme avide qui a besoin d'argent, ou bien un factieux qui cherche à rétablir une fortune délabrée. Des patriotes de cette trempe sont-ils donc faits pour prendre sincérement à cœur les intérêts de leur pays? Dès qu'ils jouissent des objets de leurs vœux, ils suivent les traces de leurs adversaires, & deviennent à leur tour les objets de l'envie & des criailleries de ceux qu'ils ont déplacés; ceux-ci paroissent à leur tour de vrais patriotes aux yeux d'un peuple inquiet, qui croit toujours que ses vrais amis sont les ennemis de ceux qui sont actuellement en pouvoir. Les peuples sont éternellement repris dans les mêmes pieges.

D'où l'on voit qu'un Peuple ainsi gouverné doit nécessairement être entrainé dans des factions éternelles, vivre dans une défiance & des allarmes continuelles; il doit craindre le pouvoir, le crédit & les artifices d'un Monarque ambitieux ou d'un ministere adroit. Il doit craindre la complaisance des Grands pour ce Monarque qui est la source de leur propre grandeur. Il doit craindre la perfidie des Représentans qu'il charge de ses propres intérêts, & que tant de causes peuvent séduire. Enfin il doit craindre sa propre folie.

UNE Nation déchirée par des cabales, des factions, des émeutes populaires, où les droits d'aucun ordre de l'Etat ne ſont clairement fixés, dont les loix d'ailleurs ſont multipliées, inintelligibles, contradictoires; une telle Nation, dis-je, peut-elle être jamais tranquille ou contente? Tous les citoyens d'un Etat n'ont qu'un intérêt, c'eſt de vivre en paix, d'être bien gouvernés, d'avoir de bonnes loix, de jouir en ſûreté des avantages que la nature & l'induſtrie peuvent procurer. Mais quel bonheur & quelle ſûreté peut-il y avoir pour un peuple que la brigue, le déſordre, l'intérêt ſordide de quelques marchands avides peuvent à chaque inſtant précipiter dans des guerres inutiles pour les vrais citoyens, dans des dépenſes énormes qui font naître des dettes énormes dont l'Etat eſt accablé pendant une longue ſuite d'années ſans pouvoir jamais ſe libérer (22). Enfin la liberté peut-elle être ſûre un inſtant, entre les mains d'une troupe de dépoſitaires perfides qui préferent l'argent à l'honneur & à la liberté?

Pour être un vrai Patriote, il faut une ame grande, il faut des lumieres, il faut un cœur honnête, il faut de la vertu. Le Patriotiſme eſt une paſſion noble, fiere, généreuſe; il eſt incompatible avec l'avarice, paſſion toujours ſordide, baſſe, inſociable. Un peuple enivré de l'amour de l'argent ne trouve rien de plus eſtimable que l'argent; il craint la pauvreté ou la médiocrité comme le comble de l'inſortune, & ſacrifiera tout au déſir de s'enrichir Un peuple commerçant ne voit rien de comparable

(22) Voyez la IIIe. Partie Chap. VII.

à la richesse, chacun veut l'obtenir ; si cette passion épidémique gagne tous les ordres de l'Etat, le Représentant du Peuple n'en sera point exempt, il traitera de la liberté publique avec le Prince & son Ministre, qui auront bientôt *le tarif des probités de leur pays.* (23)

Une Nation vénale, vicieuse, corrompue peut-elle donc long-tems conserver sa liberté ? Elle ne fait cas de cette liberté, qu'autant qu'elle lui procure les moyens de s'enrichir. La liberté, pour être sentie & conservée, demande des ames nobles, courageuses, vertueuses ; sans celà elle dégénere en licence, & finit par devenir la proie du maître qui aura de quoi corrompre. Un Peuple sans mœurs n'est pas fait pour être libre ; un Peuple injuste pour les autres ; un Peuple brûlé de la soif de l'or ; un Peuple conquérant ; un Peuple ennemi de la liberté d'autrui ; un Peuple jaloux même de ses concitoyens ou des sujets d'un même Etat, a-t-il des idées vraies de liberté ? La liberté véritable doit être accompagnée de l'amour de l'équité, de l'humanité, d'un sentiment profond des droits du genre hu-

(23) Ce mot est du célebre Robert Walpole, premier Ministre d'Angleterre sous le regne de George II. En 1729. on proposa dans le Parlement de la Grande-Bretagne une formule de serment par laquelle chaque Représentant du Peuple devoit s'engager à ne recevoir aucuns bienfaits de la cour, mais cette proposition fut rejettée par la Chambre des Seigneurs, dont la plupart des membres sont dévoués au Ministere. Les dépenses secretes du Ministere depuis 1731. jusqu'a 1741. montoient à 1,453,400 livres sterlings (environ 25 millions de livres tournois.) Voyez *Seasonable hints froman honest man*, publié in 8vo. en 1761. Les bons citoyens en Angleterre regardent la loi appellée *Septennial act*, qui fixe la durée de chaque Parlement à sept ans, comme un grand coup porté à la liberté nationale.

main; ces ſentimens ne peuvent être que le fruit d'une éducation vertueuſe & généreuſe, bien différente de cette éducation ſervile que l'on donne aux hommes en tout pays.

Que peut-il donc manquer à la félicité complette d'un Peuple qui ſe vante de jouir de la conſtitution la plus heureuſe & de la plus grande liberté? Que reſte-t-il à déſirer pour une Nation dans les ports de laquelle les richeſſes du monde entier vont aborder? Il lui manque une éducation généreuſe, des mœurs honnêtes, des notions véritables de juſtice, en un mot, des diſpoſitions contraires à une ſoif inextinguible des richeſſes, dont l'abondance n'eſt propre qu'à étouffer dans les ames les vertus les plus nobles, les plus utiles à la Société.

Peuples d'Albion! d'où viennent ces allarmes continuelles, ces factions qui vous déchirent, ces chagrins ſombres qui vous dévorent & qui ſe peignent ſur votre front? Comment ces tréſors qui s'accumulent dans vos mains, loin d'aſſûrer votre bonheur ne font-ils que le troubler ſans ceſſe? Pourquoi dans le ſein même de l'abondance & de la liberté vous voit-on rêveurs, inquiets, & plus mécontents de votre ſort, que les eſclaves frivoles qui ſont les objets de vos mépris? Apprenez la vraie cauſe de vos craintes & de vos peines. Jamais l'amour de l'or ne fit de bons citoyens. La liberté ne peut être fermement établie, que ſur l'équité, & courageuſement défendue, que par la vertu. Laiſſez à des Deſpotes la gloire folle & deſtructive de faire des conquêtes & de répandre à grands flots le ſang de leurs ſujets. Pour vous, contents de jouir en paix des bienfaits de la nature, n'allez pas les anéantir par des guerres inſenſées, qui ne ſeroient utiles qu'à une poignée de commerçants inſatiables, & qui ſeroient ruineuſes pour vos vrais citoyens. Cultivez donc, ô Britons! la ſageſſe & la raiſon : occupez vous à perfectionner votre gouvernement & vos loix. Liez à jamais les mains cruelles du pouvoir arbitraire. Ne vous endormez point dans une ſécurité préſomptueuſe, dont l'ambition éveillée profiteroit pour vous charger de fers. Craignez un luxe fatal aux mœurs & à la liberté. Redoutez les effets du fanatiſme religieux & politique. Veillez à votre ſûreté & à celle de l'Europe; humiliez les Tyrans, enchaînez leur ambition, protegez la juſtice opprimée; & pour lors votre Iſle fortunée deviendra le modele des Nations, le foyer de la liberté, au feu duquel tous les Peuples de la terre viendront s'éclairer & s'échauffer.

CHAPITRE VII.

Des intérêts des Princes ou de la Politique véritable.

CONFONDRE les intérêts de l'homme avec celui des êtres que la nature rend nécessaires à son propre bonheur, voilà comme on a vu l'objet de la morale. Réunir d'intérêts les Souverains & leurs Peuples, voilà, comme nous allons le prouver, l'objet de la Politique. Cette réunion heureuse seroit promptement effectuée, si les Princes daignoient s'instruire de leurs intérêts véritables : ils reconnoîtroient alors que le Despotisme, cette façon de gouverner qui ne suit d'autre regle que le caprice & la passion, ne peut être avantageux, ni à celui qui l'exerce, ni à ceux contre qui l'on voudroit l'exercer : ils sentiroient que la Tyrannie anéantit la sûreté du Souverain en détruisant l'affection des Sujets : ils verroient que des loix équitables sont les soutiens les plus fermes, & des Nations, & des Trônes : ils s'appercevroient que le Prince ne peut se rendre heureux tout seul, ou se faire un bien être distingué de celui de la Société dont il est le chef : ils trouveroient que la vertu seule fait fleurir les empires ; que sans elle il n'est ni vraie puissance, ni vraie grandeur, ni vraie gloire, ni sûreté véritable. Tout leur prouveroit que la vertu du Maître fait éclore la vertu des Sujets, dont l'effet est de produire, & la félicité publique, & la félicité particuliere. Enfin tout les convaincroit que la morale eſt la même pour le Monarque que pour le Citoyen ; pour les Nations que pour les Familles ; pour la Société que pour chacun des Membres dont elle eſt composée, & que nulle Puiſſance ne peut impunément violer ſes regles immuables, dont la baſe ſe trouve dans la nature de l'homme.

QUEL intérêt un Souverain peut-il avoir à gouverner ? Quels avantages peuvent faire déſirer la Puiſſance Suprême ? Surquoi peut être fondée l'ambition, cette paſſion qui fait ſouhaiter de commander aux autres hommes ? Le Pouvoir Souverain ne procure des biens réels à celui qui le poſſede, que parce qu'il dépoſe dans ſes mains les mobiles les plus puiſſants, les plus capables d'engager, d'inviter, d'obliger tous les membres d'une Société à concourir à ſes vues, à ſeconder ſes projets, à contribuer à ſon propre bien-être, à lui montrer l'attachement, le reſpect, la déférence, la ſoumiſſion, les ſentimens qui ſont dus à l'autorité ſuprême.

EST-IL un homme plus grand, plus reſpectable, plus fort, plus digne d'amour qu'un Prince qui, placé ſur un Trône où il eſt expoſé aux regards de tout ſon Peuple, y jouit de la tendreſſe de tous les cœurs, & voit chaque citoyen perſonnellement intéreſſé aux ſuccès, au contentement, à la conſervation, au maintien de l'autorité d'un chef qui le défend, qui le chérit, qui s'occupe de ſes beſoins, qui veille à ſa ſûreté ? Un bon Roi eſt l'ami de chacun de ſes Sujets, & trouve dans chacun d'eux un ami véritable.

QUE manque-t-il à un Souverain pour être

aussi grand, aussi puissant, aussi glorieux, aussi heureux que la nature humaine le comporte? Accablé de tous les biens que l'homme puisse désirer; entouré d'hommes empressés à deviner tous ses souhaits; en spectacle aux yeux d'une nation entiere dont il ne tient qu'à lui de se rendre l'idole; distributeur des graces, des honneurs, des richesses, des distinctions qui sont l'objet de tous les vœux, comment se fait-il qu'un Prince traîne communément une vie languissante & malheureuse? Dégouté de tout pour l'ordinaire, il ne sait jouir de rien; il ignore la maniere de faire servir à son bonheur tous les moyens qu'il tient entre ses mains; rassasié, fatigué des plaisirs & des amusements les plus piquants, il cherche dans le tumulte des guerres, dans des amusements frivoles ou souvent criminels, dans une vaine pompe, dans des fêtes ruineuses, dans des dépenses aussi immenses qu'inutiles, des moyens de s'éviter lui-même, & des remedes momentanés contre l'oisiveté qui l'accable.

Est-il bien concevable qu'un Souverain puisse être sujet à l'ennui? Ce supplice, réservé à l'oisiveté, est-il fait pour tourmenter un Prince dont tous les moments peuvent être agréablement remplis? Comment les occupations multipliées de la Souveraineté, les détails aussi curieux que variés de l'Administration, la scene toujours diversifiée de la Politique, peuvent-ils donner place au dégoût & produire la satiété? Le Prince, direz-vous, se repose sur ses Ministres du soin de gouverner son Empire. Eh bien; qu'il gouverne lui-même, qu'il remplisse en personne les fonctions les plus augustes qu'un mortel puisse exercer;

qu'il apprenne à goûter à chaque inſtant de ſa vie le bonheur le plus grand, le plus pur, le plus diverſifié, le plus conſtant que l'on puiſſe éprouver en ce monde: qu'il apprenne à faire chaque jour des heureux; qu'il jouiſſe par lui-même du plaiſir ſi doux de tarir les larmes de l'affliction, de voir couler les pleurs de la reconnoiſſance; qu'il ſoulage la miſere; qu'il banniſſe l'oppreſſion; qu'il réforme les abus; qu'il corrige les loix; qu'il s'occupe des beſoins de ſon Peuple; & chaque moment de ſon regne ſera marqué par des plaiſirs nouveaux: il entendra perpétuellement retentir dans ſon oreille les applaudiſſements & les bénédictions de ſes ſujets; il ſe repaîtra, non de la fumée de la flatterie, mais d'une gloire ſolide. Il rentrera avec joie en lui-même, où il aura établi le ſiege de ſon bonheur; il goûtera ſans interruption la ſatisfaction de s'aimer, ſentiment qu'il verra ſincérement applaudi, non par les flatteries ſuſpectes de quelques courtiſans, mais par les acclamations & les vœux d'un peuple tout entier. Il jouira d'avance des hommages de la poſtérité, à qui l'hiſtoire tranſmettra les actions, dont la proſpérité & la félicité de ſes peres auront été les effets mémorables.

Telles ſont les ſources inépuiſables de joie que la vertu réſerve aux Souverains qui auront appris à connoître ſes charmes. Les plaiſirs les plus vifs perdent peu-à-peu leur activité, ils finiſſent par cauſer des dégoûts & ſe changer en peines. Les objets les plus ſéduiſants fatiguent la vue à la longue; le beau lui-même devient indifférent, mais la vertu procure ſeule un contentement inaltérable. L'homme peut-il jamais ſe laſſer de ce qui le ramene ſans ceſſe agréablement ſur lui-même? Un bon Roi jouit de tous les bonheurs qu'il répand ſur ſes Peuples; il raſſemble dans ſon cœur toutes les joies de ſes Sujets.

Si les Grands chargés de l'éducation des Rois, au lieu de les énorgueillir & de leur apprendre de bonne heure à mépriſer les hommes, leur enſeignoient à les aimer, les leur montroient comme les inſtruments de leur propre bonheur; ſi, au lieu de les endurcir, ils les accoutumoïent à ſentir, les Rois auroient de la vertu. Des plaiſirs bruyants, des voluptés mépriſables, des édifices ruineux, des ſpectacles frivoles, les conquêtes même les plus brillantes leur paroîtroient-elles comparables à la ſatisfaction ſi pure de pouvoir ſe dire chaque jour, „ ce jour n'eſt point „ perdu; un Edit conſolant, une loi juſte & „ bienfaiſante vont m'attirer les bénédictions de „ tout un Peuple attendri? Mes Provinces les „ plus éloignées prononceront mon nom avec „ tranſport; il n'eſt pas un ſeul de mes ſujets „ à qui je n'aie procuré de la joie; je ſuis le Pe„ re d'une famille immenſe, & tous mes Enfants „ ſont ſatisfaits de mes ſoins. Mes voiſins ſe„ ront forcés de me rendre des hommages; leurs „ ſujets porteront envie aux miens, & déſire„ ront vivre ſous mes loix. Mes ennemis ja„ loux ſeront eux-mêmes obligés de reſpecter „ ma puiſſance; ils la verront ſoutenue par tou„ tes les forces d'un Peuple fidele, dont les inté„ rêts ſont confondus avec les miens."

Il ne reſte aucuns vœux à former pour un Prince équitable & bienfaiſant qui a ſçu mériter la confiance & l'amour de ſes ſujets. Souhaite-

roit-

roit-il un pouvoir illimité? En eſt-il un plus abſolu que celui qu'on exerce de concert avec une nation entiere? Voudroit-il que ſon autorité fut reſpectée? En eſt-il une plus ſainte & plus ſacrée que celle dans laquelle chacun trouve ſa propre félicité, & dont le mépris entraîneroit ſa propre infortune? Ambitionneroit-il d'être aimé? Quoi de plus propre pour faire naître le ſentiment de l'amour dans les cœurs, que des bienfaits continuels & variés? Lui faudroit-il des richeſſes, des ſecours, des impôts? Un Monarque équitable ne peut-il pas diſpoſer ſans violence des biens de ſes ſujets, lorſqu'ils ſavent qu'il n'en uſera que pour les rendre plus heureux, ou pour conſerver leur bonheur? Demanderoit-il des armées pour défendre la patrie? Tout citoyen pénétré des avantages dont il jouit ne devient-il pas un ſoldat prêt à verſer ſon ſang pour une Société dont le chef lui procure des biens auſſi chers que la vie, & ſans leſquels cette vie perdroit elle-même tous ſes charmes?

Que de travaux, d'inquiétudes, de dépenſes, de machinations & de chagrins les Souverains s'épargneroient à eux-mêmes! Que de murmures, d'afflictions, de larmes & de ſang épargneroient-ils à leurs Sujets! Que de fourberies, de perfidies, de négociations inſidieuſes, de guerres, de parjures honteux les Princes s'épargneroient à eux-mêmes, s'ils étoient plus équitables, & s'ils renonçoient aux maximes d'un Machiavéliſme odieux qui fait trop communément la baſe de la Politique des Rois!

La vraie Politique eſt toujours conforme à la Morale & ne peut jamais s'écarter de ſes principes. Celle des Souverains, ainſi que de chacun de leurs ſujets, eſt d'être juſtes, modérés, de bonne foi, vertueux. L'équité eſt la ſauvegarde, & des Nations, & des Princes, & des Particuliers. Elle les défend également contre les paſſions déſordonnées: elle proſcrit la violence, les conquêtes, les uſurpations, les perfidies entre les nations; elle rend les traités inviolables & ſacrés; elle met en ſûreté la vie, la perſonne, les biens, la liberté du citoyen. Elle maintient la concorde, l'union, la paix entre les différents peuples de la terre, de même qu'entre les membres d'une cité. Elle aſſure l'empire des loix tant naturelles que civiles. Si les hommes étoient juſtes, le mal moral ſeroit banni de la terre; ſi les Princes étoient juſtes, leurs Sujets ſeroient juſtes, & leurs Etats jouiroient de toute la félicité dont ils ſont ſuſceptibles.

Reconnoissons donc la fauſſeté ainſi que la perverſité d'une Politique qui met les Princes au-deſſus des regles éternelles de la Morale, & qui leur fait dédaigner le ſoin de cultiver la raiſon de leurs ſujets. Des Souverains injuſtes & perfides trouveront des ennemis dans tous les Peuples qui les entourent. Des Maîtres dépourvus de vertus, n'auront pour Sujets que des eſclaves ſans vertus. Les vices des Souverains & des ſujets ne peuvent que les rendre mutuellement malheureux, & conduire les uns & les autres à des calamités ſans fin.

L'ESPÉRANCE & la crainte, voilà les grands mobiles des actions humaines: ils sont entre les mains de ceux qui gouvernent les hommes. Les récompenses & les châtiments mettent la puissance souveraine à portée de modérer les passions & de diriger les volontés, soit vers le bien, soit vers le mal. Les Princes donnent toujours les impulsions les plus fortes à la machine Politique, dans laquelle il entre une multitude de ressorts que le Gouvernement doit faire agir de maniere à produire le bien général. Mais ce bien général ne peut être l'effet que des efforts de tous; & pour que tous y conspirent, il faut que le Prince ou la force motrice les porte au même but.

CHAQUE membre dans la Société tend au bien-être à sa maniere. Souvent peu d'accord avec lui-même, ses mouvements sont sujets à varier; il marche peu sûrement, il chancelle à chaque pas, par les chocs divers, & souvent opposés, qui le poussent suivant des directions différentes. C'est au Gouvernement à lui donner des impulsions utiles & à le soutenir dans la direction qu'il lui donne. Le grand art du Politique seroit de faire ensorte que dans la machine compliquée de la Société, il n'y eut point de ressorts superflus, inutiles, contraires au jeu universel, mais que tous conspirassent au même but sans varier. Ce problême sera parfaitement résolu, lorsque dans un Etat le mérite & la vertu pourront prétendre aux récompenses, & quand l'inutilité, le vice & le crime auront toujours à craindre le châtiment ou le mépris.

SOUVERAINS de la terre! ſoyez juſtes. Tenez une balance équitable entre tous vos ſujets. Soyez fideles à récompenſer la vertu, à honorer l'utilité, à diſtinguer le vrai mérite; ſoyez exacts à punir le crime; montrez du mépris à l'homme inutile & vain; privez le vice de vos bienfaits; banniſſez de votre préſence le Grand lui-même, quand il méconnoit ſes devoirs; ne donnez les places qu'à des citoyens diſtingués par leur probité, leurs vertus & leurs talents; & bientôt vos ſujets auront de la vertu, acquerront les qualités néceſſaires pour vous plaire, & s'efforceront à l'envi de ſe rendre utiles à la Société. Un Prince qui, fermement attaché aux regles de l'équité, ne répandroit ſes graces & ſes faveurs que ſur les gens de bien, & qui montreroit un front ſévere aux méchants, prêcheroit la Morale & la réforme bien plus efficacement que tous les Prêtres & les Moraliſtes du monde.

QUE les Miniſtres du Très-Haut tonnent du haut de leurs chaires contre la corruption du ſiecle: qu'ils menacent les mortels du courroux des puiſſances inviſibles; qu'ils entrouvrent ſous leurs pas les cavernes embraſées de l'autre vie. Les puiſſances viſibles ſeront bien plus fortes que les Dieux. L'exemple du Prince, ſes bontés & ſes diſgraces ſeront plus efficaces, que les promeſſes de biens inconnus, que les menaces de châtimens éloignés auxquels on peut aiſément ſe ſouſtraire. Les exhortations les plus touchantes de la Religion ne feront jamais ſur les cœurs une impreſſion auſſi forte, qu'un ſeul mot, un regard, un ſigne, un bienfait, un reproche, un refus d'un

Souverain vertueux lui-même & fortement résolu a faire régner les mœurs dans ses Etats (24).

RIEN de plus sage que le Proverbe Persan qui dit, *veux tu faire croître le mérite? Seme les récompenses.* Si les Souverains montroient de l'estime aux citoyens les plus vertueux, il n'y auroit bientôt dans la Société qu'une heureuse émulation de vertu. Ne leur seroit-il donc pas infiniment plus facile d'exciter entre leurs sujets une émulation d'honneur, que d'exciter entre eux une émulation de bassesses, d'opprobre & d'infamies? La vertu procure de la gloire; le vice ne procure que de la honte & du repentir; quelque soit le succès du vice, tous ceux qui réussissent par son moyen, sont forcés eux-mêmes d'en rougir. Si l'on ne parvenoit aux honneurs & aux places que par le mérite & la vertu, de combien d'avantages ne jouiroit-on pas? On

(24) *Rex velit honesta, nemo non eadem volet.* SENEC. IN THYEST. Erasme parlant de Geradas le Spartiate dit „ qu'il comprit très-„ bien que les vices ne pouvoient pas naître dans les endroits où „ ils n'avoient point été semés, & qu'ils s'affoiblissoient par-tout „ où, au lieu d'être honorés, ils étoient punis par l'ignominie. Et „ c'est là, ajoute-t-il, la façon la plus douce de corriger les mau-„ vaises mœurs & d'exciter à l'amour de la vertu." *Prudenter intellexit ibi non posse nasci vitia, ubi non admittuntur vitiorum seminaria, eaque ubique jacere quibus pro honore tribuitur ignominia. Atque hæc est clementissima ratio medendi pravis moribus; excitandique virtutis studium.* VOYEZ ERASMI APOPHTEGM. LIB. I.

De tous les moyens qu'un Prince peut employer pour mettre la vertu en honneur & pour ainsi dire, à la mode, il n'en est pas de plus puissant que l'exemple. „ Tout le monde, dit Claudien, „ se modele sur le Prince; les édits n'ont pas autant de pouvoir „ sur les esprits des hommes que la vie du Souverain.

. . . . Componitur Orbis
Regis ad exemplum: nec sic inflectere sensus
Humanos edicta valent ut vita regentis.

VOYEZ CLAUDIAN. DE IV. CONS. HONORII. Vers 296.

goûteroit d'abord la ſatisfaction intérieure attachée au mérite; on obtiendroit l'eſtime des autres; enfin l'on jouiroit de l'objet de ſon ambition. Quel eſt donc l'aveuglement, la négligence ou la mauvaiſe volonté de tant de Princes qui, pouvant faire naître les bonnes mœurs, les talents & la vertu dans leurs Etats avec tant de facilité, ne ſentent pas les avantages qui en réſulteroient pour eux!

La Chine eſt le ſeul pays connu où la Politique ſe trouve, par la conſtitution même, intimement liée avec la Morale. L'antiquité de cet Empire a, ſans doute, fait connoître à ceux qui l'ont autrefois gouverné qu'un Etat ne peut proſpérer ſans la vertu. Depuis plus de vingt ſiecles les Empereurs & les Grands de cette Nation, déſabuſés de la ſuperſtition, qu'ils laiſſent à la lie du Peuple, ſe ſont bien gardés de l'incorporer avec la Morale, avec laquelle ſes principes, toujours ſurnaturels & merveilleux, ne peuvent rien avoir de commun. Mais ſi la Religion a perdu ſon crédit auprès des chefs de cette Nation, la ſcience des mœurs en a rempli la place. Nul homme dans la Chine ne peut parvenir aux emplois, ou avoir part à l'admiſtration de l'Etat, à moins d'être exempt des religions populaires; on a ſenti dans cette vaſte contrée que la Morale étoit la ſeule religion de tout homme raiſonnable. En conſéquence une étude approfondie de la ſcience des mœurs, eſt la ſeule voie pour s'avancer, pour obtenir la Magiſtrature, pour parvenir au Miniſtere. Parmi nous cette étude, réſervée à quelques penſeurs obſcurs, ſeroit un titre pour exclure du maniement des affaires & de la faveur de ceux qui gouvernent les Etats.

A LA Chine, au lieu des leçons fanatiques & myſtérieuſes des fondateurs de ſectes, les préceptes raiſonnables d'un ſage, depuis plus de deux mille ans, reglent la marche d'un Empire qui n'a gueres moins d'étendue que l'Europe toute entiere. Ses loix ont été trouvées ſi remplies de ſageſſe, qu'elles ont ſubjugué juſqu'aux Tartares farouches qui ſe ſont rendus maîtres de ce vaſte pays; par un effet très rare de ſon pouvoir ſur les Princes, la raiſon a vaincu les vainqueurs de la Chine. Des Empereurs devenus tyrans ont diſparu, leurs races ou dynaſties ont été détruites; le fer & le feu ont ravagé les Villes & les Provinces; mais la Morale du ſage Con-fut-zé, fondée ſur la baſe éternelle de la vérité, a ſurvécu à ces tempêtes, & dirige encore la marche d'un Gouvernement qui ſe fit reſpecter par les conquérants les plus ſauvages.

DES Empereurs qui ſe glorifient d'être appellés les *Peres & Meres* de leurs Peuples, ne dédaignent pas de ſe charger eux-mêmes du ſoin d'inſtruire leur famille nombreuſe: les Edits de ces Princes ne ſont communément que des leçons utiles de Morale, dans leſquelles ils donnent à leurs enfans des préceptes ſur l'amour paternel, la piété filiale, les devoirs de l'homme, ſur l'humanité envers les malheureux. Tantôt le Souverain excite entre ſes ſujets l'émulation du travail, tantôt il exhorte les riches à ſe rendre chers à la nation par des monuments utiles, par des canaux, des aqueducs, des ponts & des chemins &c. Tantôt il recommande aux maîtres la douceur envers leurs domeſtiques: il fait ſentir aux peres l'intérêt qu'ils ont de donner une éducation honnête à des enfans, à qui il enſeigne la docilité. En un mot, le Monarque, ainſi que les Miniſtres, Gouverneurs & Mandarins qui le repréſentent, ſont continuellement occupés de l'inſtruction du Peuple; lui remettent frequemment ſous les yeux les devoirs propres à le rendre heureux, lui indiquent des moyens de faciliter ſes travaux. Ils ſont même parvenus à inſpirer aux hommes les plus groſſiers la politeſſe & la déférence mutuelle que l'on ne rencontre parmi nous, que dans les perſonnes les mieux elevées.

Mais ce Gouvernement éclairé a ſenti que les leçons les plus utiles ne feroient ſur les eſprits qu'une impreſſion paſſagere, ſi elles n'étoient fortifiées par des récompenſes ſenſibles. Peu content donc de récompenſer par des places & des dignités, ceux qui ſe ſont diſtingués par l'étude de la Morale, le Gouvernement agit encore ſur les cœurs des citoyens, par des diſtinctions honorables, par des largeſſes, par des éloges Publics qu'il décerne à ceux qui ſe ſont remarquer par leur activité, leur induſtrie, leur zéle pour la Patrie, ainſi que par leur fidélité à remplir leurs devoirs. Une action éclatante de vertu, des talents rares, ſont annoncés à tout l'empire par les nouvelles publiques, & mettent ceux qui ont mérité cet honneur à portée de jouir des applaudiſſements de tous leurs concitoyens (25).

(25) Voyez *l'Hiſt. de la Chine* du R. P. Duhalde. Les *Mémoires de* la Chine du R. P. le Comte. Les *Lettres Edifiantes* tom. XV. Les dernieres relations de l'Indoſtan nous parlent d'un peuple voiſin du Bengale qui s'eſt heureuſement préſervé de l'eſ-

Pour peu que l'on réfléchiſſe ſur des uſages ſi louables, on reconnoîtra que des Souverains vertueux, dès qu'ils le voudront, ſeront à portée de réformer les mœurs, de bannir le vice de leurs Etats, d'y faire naître l'activité, d'y établir le regne de la vertu. On nous dira, peut-être, que ces uſages établis à la Chine n'ont pas fait de ſes habitans des hommes plus vertueux que d'autres; & que bien des relations s'accordent à les peindre comme des fourbes, des voleurs, des hommes très vicieux. Nous répondrons qu'au moins certaines vertus, la piété filiale ſur-tout, y ſont très religieuſement obſervées, & que d'ailleurs nul Peuple ſur la terre n'a pouſſé plus loin ſon induſtrie. Enfin nous dirons que, nonobſtant ſes inſtitutions ſi ſages, le Gouvernement Chinois eſt deſpotique, & que le Deſpotiſme par ſa négligence permet à toutes ſortes d'abus de s'introduire, ou par ſes violences & ſes caprices anéantit les effets des inſtitutions les plus utiles; la forme reſte & le fond diſparoît.

clavage & des vices affreux qui affligent toutes les nations dont il eſt entouré. La juſtice, la bienfaiſance, l'humanité, l'hoſpitalité y ſont exercées, non ſeulement entre les concitoyens, mais encore envers les étrangers. Quand quelqu'un y perd ſa bourſe ou quelque autre choſe ſur le chemin, celui qui les rencontre les ſuſpend au premier arbre, & donne avis au Magiſtrat de ce qu'il a trouvé.

Voiez Hollwell Relation des Evénements du Bengale, Partie II.

CHAPITRE VIII.

Des qualités & des vertus nécessaires au Souverain.

MORALISTES Philosophes, Prêtres & Politiques! écrivez des volumes pour nous montrer les qualités & les vertus que doit avoir un grand Prince. Entrez dans un détail immense sur les connoissances qu'il doit acquérir, les talents qu'il doit posséder, les grandes choses qu'il doit faire, la conduite qu'il doit tenir à l'égard de ses sujets & de ses voisins. Ministres du Seigneur! appesantissez-vous, sur-tout, sur les vertus religieuses qu'il doit montrer, & sur les pratiques minutieuses auxquelles il doit se soumettre pour plaire à l'Eternel. Le Prince ne vous lira point; ou s'il daigne vous lire, vos écrits ne feront que le décourager. Pour rendre le Prince tel qu'il doit être, le citoyen raisonnable lui dira, *soyez juste;* par là vous serez heureux vous-même & vos Peuples seront heureux.

CHAPITRE IX.

Causes de l'abus du pouvoir ou de la corruption des Princes.

LES Princes sont de tous les hommes ceux que la vérité devroit le plus intéresser, & ceux qui sont le moins à portée de l'entendre. Tout conspire à leur donner des idées fausses d'eux-mêmes, de leurs droits, de leur autorité, de leur puissance, de leur grandeur & de leurs Sujets. Les Nations seroient aussi heureuses qu'elles pourroient le désirer, si pour instruire leurs chefs, on prenoit la centieme partie des peines & des précautions que l'on prend pour les tromper & les corrompre.

L'ART de régner, le plus important de tous les arts, est le seul qu'on ait droit d'exercer, sans l'avoir jamais appris. Pour gouverner les hommes & décider de leur sort, il suffit communément d'être né ou de descendre d'une race particuliere. Presqu'en tout pays les Peuples ont supposé que la naissance conféroit toutes les qualités du cœur & de l'esprit, nécessaires pour l'administration des Empires. Devons-nous donc être surpris de trouver si peu de bons Princes sur la terre? A peine en mille ans rencontre-t-on dans l'histoire, un Souverain qui ait le mérite, les talents, les vertus de l'homme le plus ordinaire. Et cependant l'histoire nous montre bien plus souvent les Rois comme ils auroient dû être que comme ils ont été; les hommes ſont diſpoſés à élever juſqu'aux nues les moindres vertus des Souverains; pour être un grand Prince, il ſuffit quelquefois d'avoir montré quelque bonne volonté, quand bien même on ne l'auroit jamais exécutée. Tout homme qui vit en Société, a des idées de juſtice, connoît ce qu'il doit aux autres, ſe ſent intéreſſé à leur plaire, veut mériter leur affection & leur eſtime, eſt jaloux de ſa réputation préſente & de la mémoire qu'il peut laiſſer après lui; ces ſentimens ſont trop ſouvent inconnus de ceux que le ſort deſtine à gouverner les Peuples.

Avec les peines que l'on ſe donne pour cacher aux Princes ce qu'ils doivent aux autres; avec l'ignorance où on les tient des rapports qui les lient avec leurs Sujets, ſi l'on doit être ſurpris de quelque choſe, c'eſt de ne pas les voir cent fois pires qu'ils ne ſont. Ceux qui ſont chargés d'élever un jeune Prince, lui apprennent avec ſoin ce que ſes Peuples lui doivent, rarement lui parlent-ils de ce qu'il doit à ſes Peuples. Proſternés aux pieds de leur diſciple, ces vils inſtituteurs ne l'habituent, ni à régler ſes paſſions, ni à modérer ſes déſirs, ni à réſiſter à aucunes de ſes fantaiſies. Qui eſt-ce qui auroit le courage de contredire un enfant dans lequel ſon Gouverneur voit déjà ſon Maître? Rien de plus important que de briſer de bonne heure les volontés de l'homme, afin de l'accoutumer à faire céder ſes caprices aux loix de la raiſon. Mais on craint d'affliger les Princes; on écarte de leurs yeux tous les objets propres à les émouvoir; on ne leur permet point de connoître les infortunes des hommes; ils femblent faits pour ignorer qu'il exifte des malheureux fur la terre; leur cœur ne s'attendrit jamais fur les maux de leurs femblables. D'ailleurs les Souverains croient-ils avoir des femblables? Ne font-ils pas des Dieux que leur rang fépare du refte des mortels?

QUE faire d'un enfant volontaire, inappliqué, continuellement diffipé, corrompu par la flatterie dès le moment qu'il eft né, que tout le monde entretient de fa grandeur future, à qui fes maîtres ne parlent qu'en tremblant, que fon Gouverneur eft forcé d'appeller MONSEIGNEUR? Comment trouver de la docilité dans un jeune homme impérieux, que, depuis fon berceau, tout enivre fans ceffe & d'orgueil & d'encens? Comment faire fentir les droits de l'équité, de l'humanité, de la décence à un être à qui tout le monde s'empreffe de céder, à qui perfonne n'a le courage de réfifter? Il eft prefqu'impoffible qu'un Prince, fur-tout s'il eft né fur le Trône, ait la plus légere idée de juftice ou de vertu. Les meilleurs Rois ont été ceux qui avant de régner ont éprouvé les coups du fort, ou bien ont vécu dans une condition privée.

LES Nations les plus groffieres nous donnent quelquefois des exemples de fageffe qui devroient faire rougir celles qui fe croient civilifées. Chez un Peuple Negre de l'Afrique l'ufage veut que l'héritier préfomptif de la couronne foit au moment de fa naiffance enlevé de la cour de fon pere, & relégué dans un village, où jufqu'à la mort du Roi, il vit dans une ignorance complette du fort illuftre qui l'attend. Dans les Nations gouvernées par des Monarques héréditaires, les loix devroient au moins pourvoir à l'éducation de ceux qui sont faits pour régner. Un Empereur de la Chine n'ayant trouvé dans son fils aucunes des qualités convenables à un grand Prince, désigna pour son successeur un citoyen vertueux dont il avoit reconnu les talents. *J'aime mieux*, dit-il, *que mon fils soit mal & mon Peuple bien, que si mon fils seul étoit bien, & tout mon Peuple mal.*

Est-il une trahison plus criminelle & plus funeste à la Patrie, que celle de ces instituteurs qui pervertissent les Princes par leurs flatteries, ou qui négligent d'inspirer le goût de la vertu à des hommes, dont les volontés régleront un jour le sort des nations? Est-il un forfait comparable à celui de ces empoisonneurs, qui dès l'enfance, ne sement dans les cœurs de leurs éleves que de l'orgueil, de la dureté, du mépris pour les hommes; dispositions cruelles dont les Peuples recueilleront pendant des siècles les fruits abominables? Quelle trahison plus infâme que de former à son Pays un chef capable de le détruire? N'est-ce pas empoisonner un Peuple entier, que de flatter un Prince qui deviendra l'arbitre de son sort?

La vraie Morale n'entre communément pour rien dans l'éducation des Princes: ce n'est pas dans les cours qu'on apprend la vertu: ces cours sont les cloaques des Nations, tout y respire la licence, la volupté, la débauche, la perfidie, le mensonge; tout conspire à détourner de la raison, de la réflexion, de la probité. L'école des courtisans n'est que l'école de la disſipation, de l'intrigue & du crime; un jeune Prince n'y prend que des leçons de vanité, de diſſimulation, de tyrannie; il y apprend à regarder les hommes comme des êtres d'une eſpece différente de la ſienne, comme les jouets de ſes propres caprices, comme une race abjecte & peu digne de ſes ſoins. Quelles idées peuvent ſe former dans la tête d'un mortel à qui tout perſuade que Dieu, en le faiſant naître, a voulu qu'il fût le maître abſolu de la perſonne, des biens, de la vie de ſes ſujets?

Sous un Gouvernement Deſpotique, qui toujours eſt ombrageux, le ſucceſſeur au Trône ne peut communément acquérir ni connoiſſances ni talents. Ses lumieres & ſes vertus cauſeroient des inquiétudes au Deſpote régnant, fait pour craindre les qualités dont il ſe ſent lui-même dépourvu. La ſûreté de l'Etat ou plutôt la tranquilité du maître & de ſes favoris exige que ſon héritier ſoit retenu dans l'ignorance, engourdi dans la moleſſe & même totalement abruti. Le tyran regarde ſon fils comme un ennemi: il aime bien mieux le voir ſtupide que dangereux. Le Prince qui doit régner un jour ſur les Ottomans, privé de toute inſtruction, confiné dans un ſérail, entouré de vils Eunuques, ne lit que *l'Alcoran*, & ne voit le *Divan* qu'après la mort du Sultan. Des breuvages dont l'effet eſt de rendre hébêté raſſûrent un Mogol contre les craintes qu'il pourroit avoir de ſes propres enfants (26).

(26) *Scha-Abadin-Kan*, viſir de l'Indoſtan fit aſſaſſiner *Alum-gir* ſon maître, afin de ſe maintenir dans ſa place, & choiſit le plus ſtupide des Princes du ſang Royal pour le placer ſur le trône. Le même viſir avoit déjà fait dépoſer & aveugler *Scha-hamet*, qui régnoit en 1754.

L'ÉDUCATION que même dans des contrées plus éclairées, l'on donne aux Princes ne paroît avoir pour but que de leur endurcir le cœur & de leur rétrécir l'esprit; des Prêtres intéressés, des dévots imbécilles, des hommes de parti sont ceux que l'on choisit de préférence pour former les arbitres de la terre. Ils ne leur enseignent que des merveilles, des fables, des dogmes inconcevables, des notions bien plus propres à détruire la raison dans son germe, qu'à la développer. Pour tous devoirs, on leur impose les pratiques minutieuses de la superstition; pour toutes vertus, on leur inspire des vertus religieuses totalement étrangeres au bien de la Société: au lieu de faire naître en eux les sentimens de l'équité, de l'amour du bien public, de la grandeur d'ame, de la vraie gloire, qui pourroient leur mériter l'attachement & l'estime des gens de bien, on les remplit d'un saint zêle pour des opinions puériles, pour des futilités théologiques, pour des factions religieuses; ce zêle en fera quelque jour des tyrans, des persécuteurs, des fanatiques, des bourreaux. On leur forme une conscience erronée qui les portera, pour les intérêts d'une cabale, à commettre sans remors les crimes les plus noirs. Si on leur parle de la crainte de Dieu, de ses jugements redoutables, des terreurs d'une autre vie; ces idées effrayantes sont bientôt effacées par la facilité qu'on leur montre à expier les plus grands forfaits. D'ailleurs les Rois traitent avec les Dieux de couronne à couronne; les Dieux de la terre ont lieu de croire qu'ils trouveront de l'indulgence dans les Dieux du ciel, dont on leur dit qu'ils sont les lieutenants, les représentans, les images.

ON

On dit & l'on répete sans cesse qu'il n'est point d'autre frein pour les Princes que la religion: on peut répondre que dans ce cas les Princes n'ont aucun frein. Voyons-nous dans le fait que ce frein imaginaire soit capable de contenir des passions que tout conspire à semer dans leurs cœurs, à nourrir, à fortifier? Trouve-t'on, en bonne foi, que la crainte d'un Dieu vengeur des Peuples qu'on outrage, rende ces potentats plus équitables, plus humains, plus modérés, plus fideles à leurs serments, plus attentifs à gouverner? Les menaces d'une Religion austere sont-elles donc assez fortes pour les empêcher de se livrer à la volupté, à des plaisirs deshonnêtes, aux vices les plus honteux? D'ailleurs la religion des cours n'est pas la même que celle des peuples; elle en impose encore bien moins aux Princes qu'à leurs Sujets, sur lesquels elle ne fait déjà que très peu d'effet. Une religion de cour s'accommode aux circonstances, se prête à toutes les passions & n'en retient aucune. Ce n'est pas dans le ciel, c'est sur la terre qu'il faut chercher des barrieres que l'on puisse efficacement opposer aux penchants impétueux des maîtres du monde. Une éducation véridique & des loix soutenues par la Nation; voilà les vrais moyens de contenir les passions des Rois, & de les empêcher de devenir des Tyrans.

CHAPITRE X.

De la fausse Politique. Du Despotisme & de la Tyrannie.

D'APRÈS les idées funestes d'une fausse Politique dont on remplit l'esprit des maîtres de la terre, ils ne gouvernent point, ils tyrannisent; au lieu de protéger leurs Sujets, ils leur déclarent la guerre. Par ce renversement des notions les plus claires de la Morale & de la Politique, le Gouvernement, destiné dans son origine à défendre, à rapprocher, à rendre les Peuples heureux, est devenu pour eux le plus grand des fléaux, au point que bien des gens ont douté si les foibles avantages qu'il procure aux Nations, pouvoient contrebalancer les maux sans nombre que leur font souffrir sans intermission ceux qui les gouvernent: l'anarchie leur paroît un mal momentané, tandis que les calamités produites par le Despotisme n'ont point de terme. Voilà sans doute ce qui fait que, comme on a vu, des penseurs ont décidé que la vie sauvage ou le renoncement total à la Société, procureroient aux hommes un sort plus doux que la vie sociale, qu'ils ont vu perpétuellement agitée par les passions discordantes & des chefs & des membres de la Société.

LE Souverain est le chef ou la tête qui fait mouvoir les ressorts du Corps Politique. Pour n'avoir point fait attention à la liaison intime &

néceſſaire qui devoit invariablement ſubſiſter entre la tête & le corps, la Politique eſt devenue, preſqu'en tout Pays, un tiſſu de myſteres à la vue deſquels le bon-ſens demeure confondu. La ſcience du Gouvernement, pour s'être éloignée des principes naturels & ſimples de la Morale, eſt devenue une ſcience énigmatique, ſurnaturelle, dont les principes & les maximes ſont dans une contradiction perpétuelle avec la droite raiſon. L'ignorance des Peuples, la baſſeſſe des Cours, les flatteries blaſphématoires des Prêtres ont transformé les Princes en Divinités, (27) qui bientôt ſe ſont montrées auſſi cruelles, auſſi capricieuſes, auſſi bizarres que celles dont la terreur avoit peuplé l'Olympe. Par une ſuite de ces apothéoſes, il n'y eut plus ni proportions ni rapports entre un Monarque & ſes Sujets. Comme les foibles mortels ne ſont pas en droit de rien diſputer à leurs Dieux, tout fut permis aux Dieux de la terre ainſi qu'à ceux du ciel; la réſiſtance, les murmures, les plaintes les plus douces, les remontrances les plus légitimes furent interdites aux Peuples. De quel droit en effet de chétives créatures pourroient-elles s'oppoſer aux volontés d'une puiſſance toute Divine, dont les droits ſont appuyés par l'autorité céleſte qui repréſente celle de la Divinité même?

Suivant les idées générales que les hommes ſe ſont formées de la Divinité, à laquelle ils attribuent eſſentiellement la juſtice & la bonté,

(27) Chacun ſait qu'Alexandre enivré de ſes conquêtes, ſe fit reconnoître pour un Dieu dans toute l'étendue de ſes Etats. Les villes grecques firent différens décrets pour lui décerner cette qualité. Les Lacédémoniens en firent un en ces mots, *puiſqu'Alexandre veut être un Dieu, qu'il ſoit un Dieu.*
Voyez Ælian. Var. Hist. Lib. II. Cap. 19.

l'autorité de Dieu lui-même sur les hommes ne peut être raisonnablement fondée que sur les biens qu'ils en attendent, & non sur la terreur que son pouvoir peut inspirer. Le pouvoir d'un Dieu sur ses créatures ne seroit qu'une tyrannie, si elle n'avoit pour base que la puissance & la force. La dépendance où l'homme est de ce Dieu ne seroit qu'une servitude abjecte, involontaire, révoltante, si elle n'étoit motivée que sur la peur. Ainsi, par le pouvoir absolu que le Despote s'arroge sur les Peuples, il s'éleve insolemment au-dessus de la Divinité, & s'attribue des droits dont elle ne peut pas jouir. D'où l'on voit que, dans les principes même de la Religion, le Pouvoir Despotique est une insulte continuelle à la Divinité qu'il prétend représenter sur la terre.

Ce pouvoir n'est pas moins contraire aux principes de la Morale, à laquelle la vraie Politique ne peut jamais déroger. La Morale, comme on n'a cessé de le prouver, fonde ses préceptes, ses obligations, ses devoirs sur les intérêts & les besoins réciproques des hommes, que la nature a rendus nécessaires à leur bonheur mutuel. D'où il suit qu'il n'existe ni morale, ni obligations, ni devoirs pour un Monarque divinisé, qui doit dès lors s'imaginer qu'il n'a besoin de personne; qui se sent assez fort pour se faire craindre, & pour se mettre lui-même à l'abri de toutes craintes; qui se croit au-dessus de l'opinion publique; qui s'embarrasse fort peu de l'attachement & de l'estime de son Peuple; dont la conscience & les remors sont perpétuellement étouffés par la voix toujours écoutée des syrénes qui l'empêchent d'entendre les ſoupirs & les cris de ſa Nation & les dangers dont il eſt menacé. Comment un Souverain qui s'imagine qu'il eſt d'une autre eſpece que le commun des mortels, qu'il eſt le repréſentant de la Divinité ſur la terre, qui croit peut-être de bonne foi qu'il eſt un Dieu lui-même, comment, dis-je, peut-il ſe ſoumettre à des devoirs? Un être de cette trempe doit-être indigné de tout lien qui le gêne; il doit ſe croire diſpenſé de tout à l'égard des mortels qui l'entourent, pour leſquels il conçoit le plus profond mépris. Il eſt très peu de Princes à qui l'on ne perſuade qu'ils ſont paîtris d'un autre limon que le reſte des hommes. Pour oſer dire à un Roi qu'il eſt *un homme comme un autre*, il faut un courage dont lui-même & toute ſa cour ſeroient épouvantés.

Il n'eſt point de maxime plus propre à corrompre les Princes & plus deſtructive pour les Peuples que celle qui perſuade & aux uns & aux autres, que *les Rois ne ſont comptables de leur conduite qu'à Dieu ſeul*. L'impunité portera toujours les hommes à la licence. En diſant aux Souverains qu'ils n'ont d'autre juge que la Divinité, on a viſiblement anéanti pour eux toutes les digues qui pouvoient les contenir. Entraînés alors par les mauvais penchants que tout conſpiroit à leur donner, ils ne ſe ſont plus embaraſſés, ni des jugements des hommes, ni de la puiſſance des loix, ni de l'affection de leurs ſujets, trop foibles pour les ramener à leurs devoirs (28).

(28) . . . . . *Nihil eſt quod credere de ſe*
Non poſſit cum laudatur diis æqua poteſtas.
JUVENAL. SAT. IV. VERS 70.

Il ſubſiſte preſque par-tout un Pacte entre le Tyran & les Prêtres. Ceux-ci lui diſent: „ commets tous les crimes que tu voudras, & nous „ les expierons: tyranniſe les autres, mais ſois „ nous dévoué. Le Ciel te livre tes Peuples, „ pourvu que tu reſpectes les droits ſacrés de „ ſes Miniſtres. Obéis nous à nous-mêmes, & „ nous te ferons obéir comme aux Dieux." D'après les conditions de ce traité, les Tyrans ont fait cauſe commune avec les Prêtres, en les gagnant par des largeſſes & des immunités; en appaiſant par leur moyen le Ciel en courroux, les Princes les plus corrompus n'ont pas douté que les jugements d'un Dieu vénal ne leur fuſſent favorables dans l'autre monde, même après avoir déſolé le monde actuel. Les Souverains les plus méchants ne ſont pas ceux qui ſe ſont le moins ſignalés par leur dévotion, par leur ſoumiſſion aux Miniſtres de la Religion, par leur généroſité à leur égard. Machiavel conſeille très prudemment à ſon Tyran d'affecter aux yeux des Peuples un grand reſpect pour la religion (29).

Nil pudet aſſuetos ſceptris. Lucan. Lib. VIII.

. . . . . *Virtus & ſumma poteſtas*
Non coeunt. Lucan. Lib. VIII.

(29) Louis XI. étoit l'homme le plus dévot & le plus méchant de ſon royaume: il portoit une figure de la vierge Marie à laquelle il demandoit la permiſſion toutes les fois qu'il vouloit commettre quelques grands crimes. Philippe II. montra toute ſa vie le plus grand zèle pour le maintien de la Religion Romaine dans ſes Etats. Cependant il fut très débauché, & tout ſon regne ne fut qu'une longue ſuite de perfidies, d'aſſaſſinats, d'empoiſonnements, de parjures & de tyrannies. Mouley-Iſmaël, Empereur de Maroc, étoit le Muſulman le plus dévot de ſon pays; cependant on aſſure qu'il égorgea de ſa propre main plus de cinquante mille de ſes ſujets; c'étoit communément au ſortir de la Moſquée où il prêchoit lui-même, qu'il faiſoit ſes exécutions, dont ſes propres enfans furent ſouvent les victimes.

Par une pente très naturelle, les Tyrans doivent être portés à la ſuperſtition. Un Souverain ne devient Tyran, que parce qu'il eſt ignorant & ſans vertu; ſon ignorance le rend crédule, & ſa méchanceté lui rend néceſſaires les prétendus moyens que ſes Prêtres lui fourniſſent d'expier ſes forfaits & de mettre en repos ſa conſcience agitée. C'eſt communément ſous les plus mauvais Princes, que le Prêtre jouit du plus grand crédit.

Graces aux préjugés aviliſſants que la ſuperſtition & la flatterie ont accrédités ſur la terre, la plupart des corps politiques préſentent des troncs décharnés, ſur leſquels ſe trouvent entées des têtes énormes, qui attirent à elles toute la ſubſtance des Nations: ces corps fléchiſſent & chancelent ſous un poids qu'ils ne ſoutiennent qu'avec peine; ils n'ont gueres la force de contrebalancer une maſſe terrible qui les entraîne à la ruine commune. Dans chaque Société civile ſe trouve un être unique, deſtiné par le Ciel à ne rien faire pour elle, ou à la faire ſervir à ſes propres caprices.

Ainsi la Politique eſt devenue en bien des contrées une vraie conſpiration contre les Peuples. Suivant l'ordre naturel des choſes, le tout eſt préférable à ſa partie: il ſembleroit en conſéquence qu'une Nation entiere doit être préférée à un ſeul citoyen qu'elle a choiſi pour la repréſenter. On pourroit ſuppoſer que le repréſentant doit dépendre de ſes conſtituants. On croiroit que celui qui gouverne eſt fait pour le Peuple gouverné; enfin on diroit que c'eſt en vue d'assûrer leur bien-être, & non de le détruire, que des êtres raisonnables se soumettent à l'autorité de l'un d'entre eux. Mais suivant les principes d'une Politique vraiment mystérieuse & totalement inconcevable, toutes ces idées se trouvent renversées; la partie l'emporte sur le tout; des millions d'hommes ne sont faits que pour un seul homme; cet homme isolé ne se croit nullement intéressé au bonheur de ceux qui ne lui obéissent que dans l'espoir des avantages qu'ils attendent de lui. En un mot, la Société toute entiere est absorbée dans la splendeur du Trône qu'elle soutient, & qui emprunte d'elle tout l'éclat dont elle est éblouie.

DANS presque toutes les parties de notre globe, le Souverain est tout, sa Nation n'est rien. *Il n'y a point ici de nation, je n'y connois qu'un Maître & des Sujets*, disoit arrogamment un Visir à quelqu'un qui osoit lui parler des intérêts de sa Nation. En effet, une Nation privée de liberté n'est plus rien: elle est dépouillée de tout ce qui pourroit la faire connoître, chérir & respecter de ses enfants. Réduite à trembler elle-même, elle n'en impose à personne: privée de ses propres trésors, du droit de punir & de récompenser, tout le monde l'abandonne pour tourner ses regards sur ceux qu'elle a rendus les maîtres de son sort: ceux-ci s'attachent des ingrats qui méconnoissent la source de l'autorité, des richesses, des honneurs qu'on ne leur distribue qu'à condition de tenir la Patrie sous le joug. Les citoyens qui lui restent fideles ou qui ont le courage de représenter ses droits, sont regardés comme des audacieux, comme des perturbateurs, des hommes dangereux, & leurs châtiments paroiſſent juſtes & mérités à ceux-mêmes dont ils défendent la cauſe. Ainſi les Nations n'ont rien à elles, pas même leurs façons de penſer, qui leur ſont ſuggérées par ceux qui les tiennent en tutelle.

Dans des pays ainſi conſtitués, le Pacte ou le Contract qui lie le Souverain à ſon Peuple, ne paroît qu'une chimere. Un Prince qui ſe croit redevable à Dieu ſeul de la couronne, s'embarraſſe fort peu des titres qui n'ont pour eux que la raiſon & l'équité. Oſer parler de ce Pacte, ſeroit une témérité ſéditieuſe. Ou bien ſi l'on admet l'exiſtence de ce Pacte, il ne lie que les Sujets, ſans aucunement gêner le Souverain.

Ainsi, en vertu de l'étrange Contract qui enchaîne les Peuples, ceux-ci, ſans nul profit, ſe ſont engagés à contribuer par leurs travaux à la ſplendeur, à l'agrandiſſement, aux fantaiſies d'un Maître qui, non ſeulement ne s'engage à rien, mais encore, qui ſe réſerve le droit de nuire à tous, ſans laiſſer à perſonne celui de réclamer. En un mot, on diroit que dans chaque Nation il exiſte un être privilégié, deſtiné par le Ciel à commander à des Peuples nombreux qui, transformés en automates, doivent ſe perſuader que leurs biens, leur liberté, leur vie, ne leur appartiennent pas; qu'ils ne ſont ſur la terre que pour travailler ſans relâche & périr ſelon les fantaiſies du Dieu viſible, au pouvoir duquel la Providence les abandonne.

Si les notions flatteuſes de la ſuperſtition ſont propres à pervertir les Princes, elles ne ſont pas moins faites pour anéantir, ou pour rendre peu ſûres les idées de juſtice dans l'eſprit des Sujets: partout on prêche aux Peuples une obéiſſance *paſſive* & machinale aux volontés quelconques de leurs Maîtres les plus injuſtes: par-tout on leur défend d'y réſiſter; par-tout où regne le Deſpotiſme, des Eſclaves ont pour maxime qu'on n'eſt jamais coupable en exécutant aveuglément les ordres de ſon Sultan. Quelles idées de morale & d'équité peuvent avoir des hommes qui s'imaginent que la volonté d'un Tyran peut rendre l'oppreſſion, la rapine, la cruauté légitimes? Quelles idées de la morale divine peuvent ſe former des êtres, à qui l'on dit que Dieu protege des Tyrans, & veut qu'ils ſoient obéis!

Les conventions de la plupart des Peuples de la terre avec leurs impitoyables maîtres, reſſemblent aſſez à celles d'un voyageur qui, attaqué dans un bois par des brigands, leur abandonne tout pour obtenir la vie, & qui ſe trouve encore en outre obligé de travailler pour eux, & de porter le butin qu'ils lui ont enlevé. Tout Deſpote, tout Souverain injuſte ne poſſede qu'un titre frauduleux que la crainte ſeule force ſes Sujets de reconnoître; ils n'oſent pas examiner ce titre, & encore moins l'annuller; parce qu'ils s'imaginent que les efforts qu'ils feroient pour récupérer leurs propres droits, les rendroient encore plus malheureux qu'ils ne ſont. Voilà la poſition dans laquelle ſe trouvent tant de Nations aſſervies; elles ont rarement le courage d'eſpérer un ſort plus doux. Le plus ſouvent elles s'habituent tellement à leurs chaînes, qu'elles n'imaginent point qu'il ſoit poſſible de s'en paſſer. La Tyrannie la plus marquée, les injuſtices les plus criantes, les violences les plus manifeſtes finiſſent par ne point révolter, & paroiſſent à la longue des actes d'un pouvoir légitime à des Peuples entiers. L'eſclavage dégénéré en habitude, eſt un mal incurable. L'univers eſt rempli d'eſclaves contens, aſſez lâches pour aimer leurs chaînes, aſſez fous pour en rire, aſſez bas pour s'en glorifier. Les Turcs reſpectent, comme Dieu lui-même, les Sultans dont à tout moment ils éprouvent les frénéſies; ils attachent de l'honneur à périr par leurs ordres; chez eux la ſûreté perſonnelle eſt réputée le partage ignoble des hommes les plus vils (30).

Si l'on ne connoiſſoit pas les effets de l'habitude fortifiée par l'ignorance, rien ne devroit paroître plus étonnant que la facilité avec laquelle les hommes s'accoutument au gouvernement le plus injuſte. A force d'éprouver les coups de la puiſſance, du crédit, de la grandeur, les idées d'équité s'effacent totalement des eſprits, ou plutôt ne peuvent jamais s'y former. On s'imagine qu'il eſt dans la nature, des êtres à qui tout eſt permis, & qu'il en eſt d'autres qui ſont faits pour tout ſouffrir de la part des premiers. Rien de plus rare que des hommes qui ſe faſſent des idées vraies de l'équité: ſi leur nombre étoit plus grand, on verroit bien moins de Tyrans & d'Eſclaves ſur la terre. L'ignorance & la pareſſe des hommes, voilà les ſeuls appuis du pouvoir abſolu & de la fauſſe Politique.

C'est encore l'ignorance, la pareſſe, l'inca-

(30) Les habitans de l'Empire de Maroc regardent comme un grand honneur de périr par les ordres du Monarque: & ſe perſuadent que ceux qu'il tue de ſa propre main vont droit en Paradis.

pacité des Souverains qui les font ſoupirer après un pouvoir abſolu. Il faut de la vigilance, de la juſtice, de la fermeté pour gouverner un Peuple; il ne faut que de la force pour le tyranniſer. Si l'inexpérience & l'inertie font les Deſpotes, elles font auſſi les Eſclaves. A l'aide du Deſpotiſme, le Souverain eſt diſpenſé du ſoin de rien apprendre; le plus inepte & le plus pervers ſe trouve auſſi capable de commander à des Nations, que le Prince le plus ſage & le plus éclairé.

Dans le plus grand nombre des Nations, le Monarque eſt trop fier par s'abaiſſer juſqu'à gouverner ou régner par lui-même. Communément il ne ſemble fait que pour jouir dans la molleſſe & dans l'oiſiveté, du travail des Nations; pour recevoir en idole leur encens, leurs tributs, leurs hommages; pour végéter dans l'indolence, ou pour diverſifier ſes ennuis par des plaiſirs achetés aux dépens de la ſueur & des larmes de ſes Sujets. On diroit que la plupart des Princes ne ſont au monde que pour qu'on place à leur inſçu leur nom à la tete d'un édit. (31)

Rien de plus rare qu'un Souverain qui ſe donne la peine de remplir les fonctions de ſon état. L'éducation qu'on donne aux maîtres de la terre, les rend communément plus propres à être eux-mêmes eſclaves, qu'à gouverner les autres; ils ne ſont le plus ſouvent dans les mains de leurs Miniſtres, de leurs Courtiſans, de leurs Sultanes, que des automates que chacun à ſon tour fait

(31) Les Siamois ignorent le nom du Souverain régnant : quand ce Prince donne audience, il ne parle point, il s'explique par ſignes.

mouvoir à ſon gré. C'eſt rarement à ſon Monarque, c'eſt à ſes Viſirs que les Nations ſont asſervies. Un Prince ſans lumieres, quand même il n'auroit pas de paſſions dangereuſes, adopte aveuglément toutes celles des Femmes, des Eunuques, des Proxénêtes, des Favoris qui le gouvernent lui-même: le Souverain & ſon Etat ſont chaque jour immolés à leurs intrigues, à leurs complots, à leurs folies criminelles. Le Sultan redoutable n'eſt ſouvent que le premier eſclave de l'eſclave qui trouve le ſecret de s'emparer de lui. (32)

Sous des Princes ſans talents, les Miniſtres ſont les Rois. Ainſi, les Souverains ne deſirent le Deſpotiſme, qu'afin de mettre leurs eſclaves à portée de ſe rendre leurs maîtres. Un Prêtre ambitieux parloit bien en Miniſtre quand il diſoit à ſon Monarque, que *ſa majeſté ne pouvoit être coupable devant Dieu tant qu'elle ſuivoit l'avis de ſon conſeil* (33). Ailleurs ce Politique admiré inſinue à ſon maître qu'il doit bien ſe garder d'appeller au Miniſtere ou aux grandes places des gens de bien, *parce qu'ils ne ſont pas aſſez faciles en affaires*. Des Princes à qui l'on parle ſur ce ton, ſont-ils donc des Monarques? N'eſt-ce pas leur conſeiller ſans détours d'abandonner à d'autres les rénes du Gouvernement, que leurs

(32) Pline (hiſt. nat. liv. VI. chap. 30) aſſure qu'un Peuple d'Ethiopie conféroit la dignité royale à un chien, auquel on rendoit les honneurs divins; c'étoit par ſes mouvements que l'on jugeoit de ſes intentions (*motu ejus imperia augurantur*). Quelqu'un diſoit que, *ſi les Rois étoient les images de la Divinité, la plupart d'entre eux ne lui reſſembloient que parce qu'ils laiſſoient tout faire aux cauſes ſecondes.*

(33) Voyez le *Teſtament Politique du Cardinal de Richelieu.*

mains débiles ſont incapables de ſoutenir? Les Rois ſeroient-ils donc trop grands pour gouverner eux-mêmes? Quel attachement peut attendre de ſon Peuple, un Prince qui l'abandonne aux vexations, aux caprices, aux cabales de quelques tyrans ſubalternes, & qui ne paroît exiſter que pour donner la ſanction royale à leurs oppreſſions? Quelle conſidération perſonnelle peut s'attirer un Souverain qui, par ſa négligence & ſon apathie, ſemble annoncer à toute la terre qu'il n'eſt pas fait pour régner? Enfin quelle reconnoiſſance peuvent attendre de ceux mèmes qu'ils comblent de faveurs & de graces, des Princes qui, incapables par eux-mêmes de faire du bien, ne le font que ſur les ſuggeſtions ou par les intrigues de ceux qui les entourent?

DANS toutes les Nations policées, les loix privent un citoyen en démence de la faculté de gérer ſes propres affaires; il n'en eſt pas de même quand il s'agit des affaires d'un Etat. On diroit que les Peuples, pour être gouvernés, n'ont beſoin que d'un ſimulacre, & qu'il leur importe peu que celui qui regne ſur eux ſoit raiſonnable. Ni l'enfance, ni la décrépitude, ni la ſtupidité, ni la folie la plus complette n'ôtent le droit de commander aux hommes. On a vu des Nations célebres aimer mieux devenir la proie des factions les plus ſanglantes & de l'anarchie la plus affreuſe, que de priver des Princes en démence du droit de régler le ſort des humains (34).

(34) Voyez Mezerai Hiſt. de Charles VI.

UNE maxime ancienne dit, que *le bien-être du Peuple doit être la loi ſuprême.* (35) Par le renverſement qu'introduit une Politique abſurde, on eſt parvenu à faire croire que le bien-être de ceux qui gouvernent doit être la premiere des loix; d'après ces principes on voit que les Princes ſe ſont habilement ſubrogés à la Société; ainſi ſervir l'Etat, c'eſt ſervir celui qui a conquis l'Etat & qui ſouvent le traite en pays de conquête: la grandeur d'ame, l'honneur, la valeur conſiſtent à braver pour lui les dangers & la mort: le devoir du citoyen & du noble eſt de ſe ſacrifier à ſes ordres les plus injuſtes, à ſon ambition effrénée, & plus ſouvent encore à celle de ſes Miniſtres. Le genre humain n'eſt-il donc fait que pour être le jouet du caprice de quelques individus! (36)

(35) *Salus Reipublicæ ſuprema lex eſto.*

(36) *Humanum paucis vivit Genus.*

LUCAN. LIB. 4.

CHAPITRE XI.

De la Guerre.

Si, comme on vient de voir, l'inertie, la molesse, l'oisiveté des Princes est souvent funeste aux Nations, leur activité, quand elle n'est pas tempérée par la justice, la prudence, les intérêts de l'Etat, est tout autrement destructive pour elles. On a déjà fait remarquer ci-devant que les chefs des Peuples les plus civilisés n'ont pu encore se guérir de la frénésie de la guerre, qui décele en eux des dispositions vraiment sauvages, & directement contraires au bonheur des Sociétés pour qui la paix sera toujours le plus grand des biens.

Est-il rien en effet qui mette plus d'obstacles à la félicité publique, aux progrès de la raison humaine, à la civilisation complette des hommes, que les guerres continuelles dans lesquelles des Princes inconsidérés se laissent entraîner à tout moment? C'est dans cette Politique vraiment barbare & déraisonnable, que nous trouverons la source des maux les plus cruels & les plus durables qu'éprouvent les Nations.

Les loix de Crête & de Sparte n'avoient rapport qu'à la guerre, & sembloient supposer que la paix n'étoit pas faite pour les hommes. Les Gouvernements modernes semblent avoir conservé le même esprit. On diroit que les Nations n'ont été placées sur la terre que pour se haïr,

se

ſe tourmenter, ſe détruire les unes les autres: le repos eſt pour leurs chefs un état violent dont ils imaginent mille prétextes pour ſortir. Par un effet de cette manie toujours ſubſiſtante, & les Peuples & les Rois ſont dans une miſere continuelle; au ſein même de l'abondance, ils ne jouiſſent de rien; les Nations les plus opulentes ſe dépeuplent, ſe ruinent en pure perte & n'ont preſque jamais le tems de ſe remettre des ſecouſſes fréquentes & douloureuſes que leur donnent des maîtres deſtinés à les conduire paiſiblement au bonheur: elles reſſemblent à des malades que l'imprudence de leur régime replonge à tout moment dans des rechutes, parce qu'une convaleſcence trop courte n'a pu les rétablir. Ce n'eſt communément que la néceſſité, c'eſt-à-dire l'impoſſibilité de continuer la guerre; ce n'eſt qu'un épuiſement total des reſſources, qui déterminent les Princes à la paix: cette paix, toujours inquiete & peu ſûre, ne ſemble être elle-même deſtinée qu'à recueillir de nouvelles forces pour combattre de nouveau. Auſſi-tôt qu'une Nation commence à reſpirer, à rétablir ſon commerce, à ſe livrer à l'induſtrie, à cultiver ſes terres, un vertige de cour vient tout d'un coup arrêter tous ſes projets: les campagnes ſont dépeuplées pour former des armées; des impôts accablants écraſent le cultivateur; le commerce eſt détruit ou gêné; toute activité eſt ſuſpendue; tout tombe dans la langueur; & l'attention du Gouvernement, abſorbée par la guerre, ne peut ſe porter ſur aucuns des objets néceſſaires au bien-être intérieur.

PAR une ſuite des préjugés ſauvages dont les

Peuples ſont imbus & que ceux qui les gouvernent ſemblent vouloir éterniſer, une éducation martiale eſt preſque la ſeule que l'on donne aux Princes, ainſi qu'aux Grands dont ils ſont environnés: on ne ſeme & l'on ne cultive que rarement en eux les vertus pacifiques; elles paroiſſent ignobles au Souverain, & ſont dédaignées par une Nobleſſe impétueuſe, à qui l'on perſuade que c'eſt uniquement dans le courage que conſiſte l'honneur. C'eſt ainſi que le Prince & ſa Cour s'accoutument à trouver de la gloire dans la violence, & ne voient point d'amuſement plus digne d'un grand cœur que d'exterminer des hommes. D'après ces notions fatales dans leſquelles tout conſpire à entretenir les Rois & ceux qui les approchent, les Nations ſont entraînées dans des guerres perpétuelles par des maîtres dont on a fait des tigres altérés de ſang, qui ne connoiſſent rien de plus beau que d'en répandre, & que le calme jetteroit dans l'inaction & l'ennui.

D'UN autre côté le Deſpotiſme a toujours beſoin de ſoldats pour ſe maintenir; c'eſt un état de guerre d'un Maître allarmé contre des Eſclaves chagrins qu'il faut retenir ſous le joug. Même durant la paix le Deſpote, entouré d'une cour avide & de ſes cohortes, n'eſt-il pas continuellement occupé à combattre les loix, la liberté de ſon Peuple, à réprimer les plaintes que ſes oppreſſions peuvent exciter? C'eſt par la force qu'on ſoutient un Gouvernement établi par la force. C'eſt, comme on a vu, par la conquête que le Deſpotiſme s'introduit; ainſi les Princes, pour la plupart, vivent dans leurs Etats comme dans un pays conquis dont ils craignent la révolte.

Sous prétexte de veiller à la défense de l'Etat, les Gouvernements tiennent sur pied en tout tems des armées nombreuses, dont le but réel est de perpétuer la tyrannie. Si les Nations ne prênoient les armes que pour leur propre défense, pour leur propre sûreté, pour leurs intérêts véritables, en un mot, pour des causes légitimes, les guerres seroient très peu fréquentes. En effet, à quoi sont dues ces guerres périodiques qui dépeuplent, appauvrissent, ensanglantent à tout moment la terre, & qui en font le séjour du carnage? C'est à l'ambition des Rois, à leurs prétentions injustes, à leur cupidité sans bornes, à leur désœuvrement inquiet, à l'incapacité, où ils se trouvent pour l'ordinaire, de s'occuper en paix du bien-être intérieur de leur pays. Pour jouer un grand rôle dans le monde; pour faire valoir des titres frauduleux ou douteux, souvent même dans la vue de faire une vaine parade de puissance, ils immolent à leurs intérêts personnels, à l'agrandissement de leurs familles, à leurs vanités enfantines, à des jalousies malfondées, à des rêveries, le repos, les forces, les richesses, l'industrie, la félicité de tout un Peuple.

Que les mobiles des plus grands événements de ce monde sont faits pour paroître petits aux yeux de la raison! Des disputes sur l'étiquette, des prétentions puériles, des querelles de presséance, la mauvaise humeur d'un Ministre ou d'une Maîtresse, l'impertinence d'un Ambassadeur, la brutalité d'un Pirate ou d'un Corsaire, un mot mal entendu; en voilà plus qu'il n'en faut pour mettre le monde en feu!

La guerre n'eſt juſte, que quand elle eſt néceſſaire : la guerre eſt néceſſaire, quand le bien-être d'une Nation eſt véritablement en danger. Une Nation eſt en danger, quand des voiſins injuſtes veulent la priver d'un Gouvernement équitable, d'un Prince néceſſaire à ſon bonheur, de la liberté, de la jouiſſance de ſes droits légitimes. Enfin la guerre eſt juſte & néceſſaire, lorſque ſans elle on ne peut être aſſûré de la paix. (37) Une guerre eſt injuſte, quand elle n'a pour objet que d'étendre la puiſſance, de faire valoir les prétentions peu fondées, de contenter l'avidité, de repaître la vanité, d'augmenter la puiſſance déjà trop étendue d'un Souverain ſans équité, dont les intérêts n'ont rien de commun avec ceux du Peuple qu'il gouverne. Les Nations font quelquefois des guerres très injuſtes pour agrandir des tyrans contre qui elles auroient les plus juſtes droits de la faire.

Les Nations ſont-elles donc faites pour ſe ruiner & s'égorger dans des querelles qui ne devroient aucunement les intéreſſer ? En ſeront-elles plus heureuſes de ce que leur chef poſſédera une ville, ou même une Province de plus ? La défenſe rigoureuſe de jamais prendre les armes pour s'agrandir au-dehors, devroit être une loi fondamentale & irrévocable pour toute Nation prudente & raiſonnable : elle mettroit les Souverains dans l'heureuſe impoſſibilité de troubler leur tranquillité mutuelle. Un Peuple aſſez ſage pour s'im-

(37) *Juſtum eſt bellum quibus eſt neceſſarium, & pia arma quibus nulla niſi in armis relinquitur ſpes.*

Voyez Tit. Liv. Lib. IX. Cap. 1.

poser une loi pareille, deviendroit bientôt l'arbitre & l'ami de tous les autres: au moins ne seroit-il pas à chaque instant la victime des prétentions personnelles de ses maîtres, à qui communément le sang humain ne coûte rien.

De même que *nul homme ne peut servir deux maîtres*, nul Prince ne peut bien gouverner deux Etats. Un Souverain qui veut régner avec sagesse sur un Peuple quelconque, n'a-t-il donc pas déjà suffisament d'affaires? Augmenter les Etats, ce n'est jamais qu'augmenter la difficulté de les bien gouverner, & multiplier les prétextes de la guerre. Que les divers Etats dont ce globe est composé seroient petits, s'ils étoient proportionés aux talents de ceux qui les gouvernent! S'il est si peu de gens qui sachent régler sagement une famille, est-il surprenant que si peu de Souverains sachent régler sagement un Etat? La vaste étendue d'un empire y amene tôt-ou-tard le despotisme, & le despotisme tôt-ou-tard amene sa destruction.

Quels motifs réels des Nations peuvent-elles avoir d'être ennemies les unes des autres? Est-il rien de plus contraire à l'équité, à l'humanité, à la raison, que d'entretenir entre les Peuples ces haînes héréditaires, absurdes & déraisonnables qui divisent les malheureux habitans de la Terre? Chaque pays ne fournit-il donc pas à ses habitans de quoi déployer leur industrie & leurs talents? Chaque Etat n'offre-t-il pas à tout Prince raisonnable un assez vaste champ pour exercer son grand cœur, sa justice, sa bienveillance & ses soins? Est-ce une preuve de sagesse en lui, que de ne savoir s'occuper qu'à faire des malheureux, incapables de lui procurer à lui-même ni grandeur, ni puiſſance, ni bonheur?

DANS toutes les guerres, les Souverains prétendent n'avoir jamais pour but que le bien-être futur ou la ſûreté de leurs Etats, le maintien de la balance du pouvoir, le déſir d'augmenter le commerce & les richeſſes de leurs ſujets. Les imprudents! ne voient-ils pas que ces guerres entrepriſes par l'avidité, ne tendent qu'à diſſiper tout d'un coup des forces ſubſiſtantes, des richeſſes tout acquiſes, pour en acquérir d'incertaines & d'imaginaires? Rien de plus rare que de voir les acquiſitions & les conquêtes dédommager véritablement des dépenſes qu'elles ont coutées; la Politique des Princes ſe borne communément à faire de très petites choſes avec de très grands moyens. Les ſuccès les plus éclatans ne font pour l'ordinaire que diminuer des forces réelles, pour s'en procurer d'idéales. La *balance du pouvoir* n'eſt dans le vrai, qu'une balance de foibleſſe. Les Princes par leurs guerres ne font que s'énerver réciproquement; & ſouvent le vainqueur eſt plus à plaindre que le vaincu. (38) Faire la guerre, c'eſt répandre les tréſors amaſſés par le commerce & l'induſtrie de ſes propres Sujets, ſur des Nations qui n'ont ni commerce ni induſtrie; c'eſt enrichir des Peuples étrangers à ſes propres dépens: avoir de grands ſuccès, c'eſt augmenter le nombre de ſes ennemis & des jaloux, ſous les efforts deſquels on ſe verra quelque jour forcé de ſuccomber. Tout Prince ambitieux, toute Nation avide deviennent bientôt des

(38) Un homme d'eſprit diſoit que *la balance de l'Europe conſiſte dans les ſotiſes qui ſe font de toutes parts.* Cicéron a dit, „ *quorum bello ſolum id ſcires eſſe miſeriorem qui viciſſet.*

ennemis communs, dont la puiſſance fait ombrage, & qu'on cherche à détruire. Ainſi les guerres les plus heureuſes n'amenent point la paix; elles amenent des guerres nouvelles excitées par la défiance & les craintes, qu'une ambition remuante fait naître dans les eſprits des voiſins. De là cette inquiétude univerſelle répandue dans tous les Gouvernements, qui les force de tenir en tout tems ſur pied des armées formidables, également ruineuſes pour tous les Etats, & dont l'effet eſt de rendre la paix même inutile aux Nations.

Pour conquérir une nouvelle Province ou pour s'agrandir, afin de jouer un plus grand rôle parmi les puiſſances qui l'entourent, un Souverain belliqueux s'expoſe quelquefois à perdre ſes anciens Etats. Nonobſtant l'extravagance d'un jeu ſi périlleux, auquel les Peuples ou les Loix devroient fortement s'oppoſer, le hazard ou ſes talents le ſauve de ce danger: de retour dans ſon Pays que fera-t-il? Il ſçait qu'une guerre attire une autre guerre; il ſent la néceſſité de faire bonne contenance, afin d'en impoſer à ceux qu'il vient de dépouiller: il ſe voit donc forcé de tenir ſur pied des légions ſans nombre; il lui faut bien plus d'hommes que ſon Etat n'en peut fournir; il lui faut plus d'argent qu'il n'en peut obtenir par des impôts raiſonnables; alors il dépeuple ſes campagnes & ſes villes pour avoir des ſoldats; pour remplir ſes tréſors, il eſt forcé d'employer la violence & la fraude; tout eſt écraſé par ſes concuſſions; il a une Province de plus, mais ſon Domaine ancien eſt totalement ruiné; il ſe croit plus puiſſant, & tout devroit lui montrer qu'il eſt réellement plus foible ; il a l'ambition de fonder un grand Empire, mais il commence par le détruire, & ne laiſſe à ſa poſtérité que l'avantage de gémir pendant des ſiecles, des funeſtes effets de ſon humeur inquiete & de ſes immenſes travaux. Voilà donc ce qu'on appelle un Héros, un grand Politique ! tout homme ſage l'appellera un inſenſé, un mauvais calculateur, un fléau du genre humain.

Le vulgaire ſtupide a de tout tems admiré & révéré comme des Héros & des Dieux quelques brigands célebres que l'hiſtoire ne nous fait connoître que par leurs affreux maſſacres. Quels droits peuvent avoir à l'eſtime des hommes, tant de Gladiateurs mémorables qui, comme les déluges, les volcans & les contagions ne ſe ſont illuſtrés que par leurs triſtes ravages ? Quelles idées ſauvages de gloire peuvent s'être formé des êtres aſſez extravagants pour nous vanter les hauts faits d'un Alexandre, d'un Céſar, d'un Pompée ! (39)

On dit que Tamerlan ne livroit des batailles que pour ſe procurer le merveilleux plaiſir de former des pyramides avec les têtes de ceux

(39) Pline nous apprend que le grand Pompée, après avoir triomphé de pluſieurs Peuples de l'Aſie, bâtit de leurs dépouilles un Temple à Minerve, à l'entrée duquel il fit mettre l'inſcription ſuivante, bien digne d'être approuvée par des Romains. *Cn. Pompée le Grand, général, après avoir terminé une guerre de trente ans ; après avoir défait, mis en fuite, tués & faits priſonniers* DEUX MILLIONS CENT QUATRE VINGT TROIS MILLE HOMMES ; *après avoir coulé à fond ou pris huit cents quarante ſix vaiſſeaux ; après avoir ſoumis mille cinq cents trente huit villes & forteresſes ; après avoir ſubjugué tous les pays contenus entre la mer rouge & le palus méotide, s'aquite juſtement de ce vœu à Minerve.*

Voyez Plin. Hist. Natur. Lib. VII. C. 26.

qu'il avoit égorgés. Néron, ce Tyran renommé par sa folie cruelle, dans un moment de caprice fit mettre le feu à la ville de Rome, tandis que du haut d'un monument élevé il contemploit les flammes qui réduisoient sa capitale en cendres. Il n'est personne qui ne frémisse de cette action aussi barbare qu'insensée; cependant combien de Princes également détestables, ont été célébrés dans l'histoire pour s'être amusés à mettre tout l'univers en flammes! Combien de conquérants se sont faits un passe-tems de détruire des Villes, de ravager des Provinces, de jouir, du haut de leurs Trônes, des malheurs du genre humain! Que de Nérons dans le monde, à qui les hommes ont la sotise d'adjuger des lauriers! Combien de Princes inquiets semblent, comme Caligula, se plaindre de ce que leur regne n'est point marqué par de grandes calamités.

La plupart des Nations seroient en droit d'adresser à leurs maîtres sanguinaires le discours qu'un Derviche osa tenir à *Kouli-Kan*, dans le moment où ce vainqueur barbare de l'Indostan ordonnoit le massacre des habitans de Dehli. *Si tu es un Dieu, agis en Dieu. Si tu es un Prophête, conduis-nous dans la voie du salut. Si tu es un Roi, rends ton peuple heureux & ne le détruis point.* La réponse du conquérant est conforme à celle que pourroient faire tant de héros glorieux devant lesquels l'univers s'extasie. *Je ne suis point un Dieu, & je n'agis point en Dieu. Je ne suis point un Prophête, chargé de montrer la voie du salut. Je suis celui que Dieu envoie aux Nations qu'il a resolu de visiter dans sa colere.*

Peuples inconsidérés! poussez des cris de

joie; allumez des feux; faites chanter vos triomphes par vos Poëtes; rendez au ciel des actions de graces pour tant d'hommes que vos guerriers ont eu le plaisir d'égorger. Eh! ne voyez-vous pas que le sang de vos concitoyens, cruellement prodigué, s'est mêlé avec celui de vos ennemis prétendus! hélas! bientôt vous allez pleurer de vos propres succès. Ils ont dépeuplé vos campagnes; ils vont forcer vos maîtres de vous accabler d'impôts. Votre postérité malheureuse se ressentira pendant des siecles de vos cruelles victoires. Retenez donc pour toujours la fougue de vos chefs imprudents; qu'ils se désabusent, ainsi que vous, de ces idées fausses de gloire, qui ne font de leurs contrées, que des déserts, & de vos villes, que des séjours de larmes.

Quel est, en effet, le cœur honnête qui ne seroit point déchiré à la vue du détail immense des calamités que la frénésie ambitieuse d'un seul homme produit souvent en un instant dans le monde! Quel affreux tableau pour une imagination sensible, que celui qui ne présente que des villes embrasées, des campagnes fumantes, des laboureurs en pleurs levant leurs bras au Ciel en voyant les moissons, les fruits de leurs travaux devenir en un instant la proie des flammes, *des meres éplorées arrachant leurs filles tremblantes des mains du soldat effréné!* Qui peut penser sans frémir à la longue suite de douleurs propagées dans toute une nation par la destruction subite de tant de milliers d'hommes, de peres de familles, de parents, d'amis, qu'une seule bataille fait disparoître? Périssent donc ces Monstres qui d'un œil sec ordonnent ou contemplent de pareilles horreurs ! Périſſe à jamais l'ambition qui ſacrifie l'élite d'une Nation, le repos d'un Etat, la félicité publique, au deſir inſenſé de laiſſer un nom fameux dans l'hiſtoire ! Que les hommes qui ont le front de chanter ces forfaits ſoient eux-mêmes voués à l'opprobre éternel !

Puisque les Miniſtres du Très-Haut nous aſſûrent que la Religion eſt un frein ſi puiſſant pour contenir les paſſions des Rois, que ne s'en ſervent-ils pour rappeller à la juſtice, à l'humanité, à la *charité* tant de Potentats indomptés qui ne ſemblent placés ſur la terre que pour la déſoler ? Au lieu de bénir lâchement les drapeaux de la guerre, pourquoi les Prêtres *d'un Dieu de Paix* ne les déchirent-ils pas ſur ſes autels ? ou du moins, pourquoi ne lancent-ils pas leurs anathêmes contre ceux qui ont la cruauté de prodiguer ſans vraie cauſe la vie des citoyens ? Toute ame honnête eſt conſternée, en ſongeant à l'étonnante facilité avec laquelle un Prince, du fond de ſon cabinet ou ſérail, ſigne un arrêt de mort contre des millions de ſes Sujets. Eſt-il ſur ce globe malheureux un ſeul pouce de terre qui n'ait été à plus d'une repriſe engraiſſé de ſang humain !

Ainsi, ne cherchons pas dans la colere des Dieux, les cauſes des dépopulations, des famines, des revers, de la ruine & des miſeres de tant d'Etats. D'où vient que dans les contrées les plus favoriſées du Ciel, l'on ne rencontre à chaque pas que des ſolitudes effrayantes, habitées par quelques poignées de malheureux qui languiſſent ſous le poids de l'indigence ? Eſt-ce donc les puiſſances inviſibles que ces Peuples doivent implorer pour demander la fin des infortunes qui les accablent? Non ſans doute; des guerres interminables, les rigueurs d'un Deſpotiſme inſenſé, l'arbitraire de l'impôt, les extorſions des traitants, l'injuſtice des gens en place, l'indolence ou l'inſenſibilité des Princes, ainſi que leur ambitieuſe activité, les conſeils affreux de leurs Miniſtres, les frénéſies que les préjugés inſpirent aux Nations; voilà les véritables cauſes des maux dont ce monde eſt le théâtre. Les Dieux ſeroient rarement irrités contre les hommes, ſi ceux qui les gouvernent avoient de l'équité.

Les voyageurs nous diſent que dans preſque toutes les Nations ſauvages, un malade fait appeller à ſon ſecours des jongleurs, des ſorciers ou des prêtres, à qui l'on ſuppoſe du crédit ſur les eſprits malins, que l'on croit les auteurs des accidents les plus naturels qui arrivent aux hommes. Sous prétexte de chaſſer la maladie, ces fourbes prononcent des conjurations en langage inconnu, invoquent les eſprits, feignent de converſer avec eux, pouſſent des hurlements affreux, étourdiſſent le pauvre infirme par des bruits effrayants, font mille contorſions & ſingeries, enfin forment des danſes auxquelles, nonobſtant ſa foibleſſe, ils forcent le malade de prendre part, juſqu'à ce qu'épuiſé de fatigue, il tombe à terre, d'où ſouvent il ne ſe releve jamais. Quelque ſoit le ſuccès du remede, le médecin eſt payé; il en eſt quitte, quand le malade eſt mort, pour dire à ſes parents que les puiſſances inviſibles, acharnées à ſa perte n'ont pas voulu s'appaiſer. Cette méthode ne reſſemble-t-elle pas à celle que ſuivent les Prêtres des Nations les plus éclairées?

C'eſt toujours par des prieres, des conjurations, des cérémonies qu'ils promettent aux Peuples de faire ceſſer leurs infortunes. C'eſt toujours à la colere du Ciel, qu'ils attribuent la durée des maux qui ne ſont dûs qu'aux délires d'une adminiſtration inſenſée.

Si c'eſt dans l'ordre Phyſique de l'univers que l'on puiſe les preuves les plus fortes de l'exiſtence & des ſoins d'une Providence remplie d'intelligence, de puiſſance & de bonté, quelles incertitudes ne doit pas jetter ſur ces preuves le déſordre moral & politique dont ce monde eſt continuellement le théâtre? L'ordre moral, l'ordre politique, la bonté permanente des Princes & des Gouvernements, les vertus des Citoyens auroient-ils donc fait moins d'honneur à la Divinité, que le mouvement réglé des Aſtres, que le retour périodique des Saiſons? Le Dieu qui gouverne la nature & qui regle les deſtinées des hommes, feroit-il moins bien repréſenté par des Souverains juſtes & bons que par des Tyrans impitoyables, par des Sultans avides, par des Conquérants farouches, perpétuellement occupés à ravager la terre, à troubler la paix & l'ordre des Sociétés? Ce Dieu puiſſant eût-il moins clairement manifeſté ſa puiſſance, en forçant les Princes & les Peuples à faire le bien, qu'en forçant les planètes à décrire une route invariable? N'eût-il pas été plus avantageux à l'homme d'être néceſſairement déterminé à la vertu dans chaque inſtant de ſa durée, ou de plaire néceſſairement à ſon Dieu, que de jouir de la funeſte liberté de ſe déterminer au mal & d'encourir par là la colere du Ciel?

CHAPITRE XII.

Du Machiavélisme ou de la Perfidie en Politique.

La superstition & la flatterie ayant changé les Souverains en des êtres d'une nature différente des autres hommes; en ayant fait des Divinités sur la terre, leur ayant adjugé des droits divins, ces Princes divinisés eurent une morale à part, une jurisprudence faite pour eux seuls & incommunicable au reste des mortels. Si la religion ne produit des effets utiles que sur un très petit nombre d'hommes, il est évident que ce sont les loix, l'éducation, l'opinion publique, la crainte du déshonneur ou du châtiment, qui contiennent efficacement le grand nombre & qui les empêchent de se livrer à leurs passions. Le citoyen a par-tout quelque chose à craindre; les Princes sont exempts de toute crainte, & peuvent impunément se permettre tout ce que leur intérêt leur suggere.

Un des préjugés les plus fortement enracinés dans l'esprit du vulgaire, c'est que la licence est l'appanage de la puissance. On regarde comme heureux celui qui a le pouvoir de tout faire, ou dont les volontés déréglées ne rencontrent point d'obstacles. Quoique les hommes n'osent accuser les Dieux d'injustice, cependant toutes les religions tant anciennes que modernes les ont faits injustes, licentieux, emportés, déraisonnables;

les Théologiens en sont quittes pour dire que les Dieux ont une justice à part, ou qui ne ressemble en rien à la justice des hommes. C'est ainsi que la superstition, plus que toute autre chose, contribue à renverser les idées de l'équité naturelle!

Si les Dieux invisibles du ciel ont joui du droit d'être injustes ou de violer les regles de la morale humaine, les Dieux visibles de la terre se sont arrogé le même droit, & les Peuples éblouis par l'éclat & la puissance de leurs maîtres, n'ont point osé le leur contester. Les Souverains se sont donc fait un code à part d'après lequel tout crime heureux se justifie. Les plus grands forfaits se pardonnent aux Princes & sont applaudis par les Nations, quand elles en voient résulter un très grand avantage. Voler, dans un citoyen obscur, est une action odieuse & punissable; mais faire des conquêtes, lever des impôts onéreux, ravir le nécessaire à ses Sujets, sont des actions glorieuses ou autorisées par l'usage (40). Assassiner un homme, c'est troubler l'Ordre Social, c'est commettre un crime digne de mort; mais assassiner des Nations entieres & conduire hardiment ses Sujets à la boucherie, marque une ame héroïque qui mérite les louanges, & des contemporains, & de la postérité. Violer ses serments, manquer à ses engagements, fausser sa parole, ne point payer ses dettes, sont des choses punissables par les loix & déshonorantes pour un homme privé, mais pour un Souverain, la *raison d'Etat*, *le droit de bienséance*, *l'intérêt de la nation*, *les malheurs des tems*

(40) *Sua retinere, privatæ domus: de alienis certare, Regia laus est.*

TACIT. ANNAL. LIB. V.

ſont des raiſons qui l'autoriſent à faire tout ce qui lui convient ſans avoir rien à craindre. Les crimes les plus noirs, les perfidies les plus horribles, les injuſtices & les violences les plus marquées, les parjures les plus honteux finiſſent par s'adoucir aux yeux des hommes, aſſez aveugles d'ordinaire, pour croire que tout doit être permis à ceux qui jouiſſent d'un grand pouvoir. Les *Coups d'État* ſon communément des crimes dont les effets ſont immenſes, mais ils ne laiſſent pas de valoir à un Prince ou à ſon Miniſtre les titres de grands politiques & d'hommes d'Etat. En un mot, on s'eſt fait des idées ſi fauſſes & ſi perverſes de la Politique, que bien des gens ont cru qu'elle étoit totalement incompatible avec la morale ordinaire; en conſéquence, preſqu'en tout pays elle eſt devenue un ſyſtême de fourberies, de menſonges, de mauvaiſe foi, d'artifices, de violences & de crimes. On s'imagina qu'il étoit impoſſible de régner ou de gouverner, en ſuivant les regles de la probité.

Voilà ce qui fit éclore ſur la terre les principes deſtructeurs & les maximes infames du *Machiavéliſme*, c'eſt-à-dire de cette Politique exécrable qui fait que la plupart des Princes, non contents d'aſſervir & de tromper leurs propres Sujets, ſont perpétuellement occupés à ſe ſurprendre réciproquement, à ſe tendre des pieges, à ſe nuire, ſoit ouvertement, ſoit d'une façon ténébreuſe & cachée. D'après cette morale odieuſe, on ne doit pas être étonné de voir que les Nations, gouvernées par des hommes nourris dans ces maximes, n'aient jamais pu jouir d'une tranquillité durable. Comment euſſent-elles été long-tems long-tems paiſibles, n'ayant d'autres garants que des traités inſidieux, auſſitôt rompus que faits, & de la confection deſquels la bonne foi fut toujours ſoigneuſement bannie.

Si d'ailleurs tout ne prouvoit pas le peu d'effet de la Religion ſur les Princes, rien ne ſeroit plus propre à détromper de ſon utilité, rélativement à eux, que l'étonnante facilité avec laquelle on les voit oublier leurs ſerments les plus ſolemnels, & fouler aux pieds les engagements les plus ſacrés. A juger de leurs opinions religieuſes par leur conduite, on eſt forcé d'en conclure qu'ils mépriſent également & les Dieux & les hommes, & que la force ſeule eſt capable de les ramener aux principes de la morale, faite pour régler la conduite de tous les êtres de l'eſpece humaine, & dont jamais on ne peut s'écarter ſans danger. C'eſt aux nations qu'il appartient de la faire obſerver à leurs chefs qui, tant qu'ils n'auront rien à craindre en ce monde, s'embaraſſeront fort peu des châtiments dont on les menace dans un autre.

Des Souverains & des Miniſtres perfides impriment le ſceau de l'infamie ſur les nations qu'ils gouvernent. Un Peuple entier eſt, ſouvent à ſon inſçu, déshonoré pendant des ſiecles par l'infame politique de ſes Tyrans ambitieux; on partage toujours les iniquités & les forfaits auxquels par ſon ſilence on paroît conſentir (41).

(41) Il eſt évident que c'eſt aux fourberies de la cour de Rome, & aux crimes d'une foule de Princes ſans foi que les Italiens ſont redevables de leur mauvaiſe réputation. Ferdinand *le Catholique*, *Charle-Quint*, *Philippe* II, tous Princes fort dévots, ont flétri pendant longtems la nation généreuſe, ſpirituelle & noble des Espagnols par leur conduite & leur Politique odieuſe. *Quidquid delirant Reges*, *&c.*

Quelle idée peut-on ſe former de ces Nations asſervies où les crimes, les perfidies les plus avérées, les guerres les plus injuſtes trouvent une foule de défenſeurs & d'avocats! Quelle peut être la morale d'un Peuple qui applaudit tous les excès de ſes Souverains les plus pervers!

Un Monarque diſoit que *ſi la bonne foi étoit bannie de la terre, ce ſeroit dans la bouche des Rois qu'il faudroit la chercher.* On l'y chercheroit en vain; elle eſt bannie des cours; une Politique auſſi fauſſe que criminelle, la traite de foibleſſe & de ſimplicité, on la croit uniquement réſervée pour ceux à qui leurs forces ne permettent pas d'être injuſtes ou de tromper ſans craindre les conſéquences. Le ſeul crime en Politique eſt de ne pas réuſſir. Ainſi l'intérêt des Tyrans, c'eſt-à-dire des plus méchants des hommes, eſt devenu la regle de la conduite des Rois!

Mais que réſulte-t-il enfin de cette Politique abominable? Par tant de parjures, de perfidies, d'iniquités, les Princes ſe rendent-ils plus heureux, plus aſſûrés de leurs poſſeſſions uſurpées, plus tranquiles ſur leurs droits? Non, ſans doute; allarmés déjà ſur les diſpoſitions de leurs propres ſujets qu'ils oppriment, ils craignent leurs ſemblables; ils ſcavent qu'il n'eſt point de ſûreté entre des brigands dont les alliances, les amitiés, les engagements n'ont que des intérêts variables pour baſe, & ne ſont faits que pour endormir des rivaux qu'on voudroit dépouiller. Ils n'ignorent pas que la force & la ruſe ne donnent pas des droits que la force & la ruſe ne puiſſent anéantir. Conſéquemment ils vivent dans des tranſes continuelles; ils ſe tiennent ſur leurs gardes, ils ſe ruinent à force de précautions, & dans l'espoir de jouir paiſiblement un jour, ils ne jouiſſent de rien.

Il n'y a qu'une ſeule morale pour tous les hommes; elle eſt la même pour les Nations & pour les Individus; pour les Souverains & les Sujets, pour le Miniſtre & pour le Citoyen obscur. La politique la plus véridique eſt toujours la plus ſûre. C'eſt celle qui a la probité, la justice & la bonne foi pour baſe (42).

La droiture, la bonne foi, la franchiſe, la ſimplicité ſont la plus ſage des Politiques pour les Princes comme pour les Particuliers, même dans la conſtitution actuelle des choſes; une Politique honnête & véridique ſeroit peut-être la plus propre à donner le change à des fourbes qui ne croient point à la probité des autres. D'ailleurs la droiture ſe fait reſpecter de ceux-mêmes qui n'en ont pas. Le menſonge & l'obliquité ſont des ſignes de foibleſſe; la franchiſe & la vérité annoncent les grandes ames; elles ſont faites pour en impoſer à ces génies rétrécis qui n'ont pas le courage d'être vrais.

Quels exemples affreux les Souverains ne donnent-ils pas à leurs Peuples, par la façon dont ceux-ci les voient agir & traiter les uns avec les autres? Eſt-il rien de plus propre à bannir la

(42) Le chevalier Cecil, premier Miniſtre de la Reine Elizabeth lui diſoit que *tout ce qui faiſoit tort à la réputation d'un ſouverain ne pouvoit jamais lui procurer d'avantages bien réels.* Un Miniſtre moderne (M. le Duc de Choiſeul) par ſa façon de traiter noble & franche, a fait reprendre en peu d'années à ſon pays la conſidération & le rang qu'une guerre très malheureuſe lui avoit fait perdre aux yeux de l'Europe.

probité de la terre, que de voir le mépris qu'ont pour elle les Princes dont les exemples influent ſi puiſſamment ſur la conduite des hommes? O Princes! n'êtes-vous pas les vrais corrupteurs de vos ſujets? N'eſt-ce pas votre Politique affreuſe qui s'oppoſe à la réforme des mœurs? Si ces Dieux, dont vous prétendez vous ſervir pour les effrayer & les contenir, vous en impoſent ſi peu à vous-mêmes, de quel droit vous flatteriez-vous qu'ils en impoſent à vos Peuples? (43)

Peu contents d'écraſer ſouvent les Nations ſous un ſceptre de fer, les Souverains ſemblent encore vouloir joindre l'inſulte à l'injuſtice. Eſt-il en effet rien de plus inſultant pour des Nations que la façon dont leurs chefs en diſpoſent, ſans daigner les conſulter? Ils les vendent, ils les louent, ils les échangent, ils les donnent en dot, ils les leguent par teſtament; en un mot, ils en diſpoſent comme de troupeaux de bêtes qui n'ont pas le droit de choiſir leurs conducteurs. Si

(43) *Vitia non ſolum ipſi principes concipiunt, ſed etiam in civitatem infundunt, plusque exemplo quam peccato nocent.*

CICERO III. DE LEGIBUS.

Le Pape *Clément* VI. par une bulle du 20. Avril 1351. datée d'Avignon, donna au confeſſeur du Roi de France *Jean*, & de la Reine *Jeanne* ſa ſeconde femme le pouvoir de les délier pour le paſſé & pour l'avenir de tous les engagements, même appuyés de ſerments, qu'ils ne pourroient obſerver ſans incommodité; grace qui devoit s'étendre à leurs ſucceſſeurs à perpétuité. *Juramenta per vos præſtita, & per vos & eos præſtanda in poſterum, quæ vos & illi ſervare commodè non poſſetis.* VOYEZ DACHERY SPICILEG. TOM. IV. PAG. 275. PARIS 1661. IN 4to. On ſçait que l'Egliſe Romaine a conſtamment enſeigné que l'on ne devoit pas garder la foi jurée aux hérétiques; & que les Papes ont très ſouvent excité les Princes à violer les traités avec des infideles, les mêmes Papes ont très ſouvent délié les ſujets de leurs ſerments de fidélité faits à leurs ſouverains. D'où l'on voit que l'Egliſe Romaine eſt une école de perfidies & de parjures, & qu'elle met les nations d'une autre Religion, dans l'impoſſibilité de traiter ſûrement avec les Princes qui lui ſont dévoués.

tant de Princes regardent leurs Peuples comme leur patrimoine, leur héritage, leurs ſerfs, ne devroient-ils pas du moins être jaloux de les tranſmettre en bon état à leur poſtérité? Mais, peu inquiets ſur l'avenir, les Princes ne s'occupent que du moment préſent: on ſeroit tenté de croire qu'ils ne voient après eux que l'affreuſe perſpective de la diſſolution du globe.

CHAPITRE XIII.

Effets Phyſiques ou Naturels du Deſpotiſme.

TOUT nous montre que c'eſt faute de connoître leurs intérêts véritables, que tant de Princes font le mal, ſuivent une Politique funeſte & mépriſable, exercent ſur les Peuples un deſpotiſme deſtructeur dont ils ne tardent pas à ſentir eux-mêmes les effets déplorables. La pareſſe, le découragement, la langueur, la miſere, la corruption, les mécontentements des Peuples ſont les ſuites néceſſaires & fatales d'un pouvoir inſenſé qui, content de ſatisfaire ſes fantaiſies préſentes, n'a jamais la prudence de porter ſes yeux ſur l'avenir.

LE deſpote eſt un chef qui prétend que ſa volonté ſeule doit régler le ſort d'un Etat; mais comme cette volonté eſt rarement d'accord avec les regles de l'équité, il devient communément un tyran dont le pouvoir eſt perpétuellement aux prises avec la justice, la raison, les droits, la liberté, le bien-être de son Peuple; & par conséquent agit à tout moment contre son propre intérêt.

GOUVERNER, comme on a vu, c'est réunir d'intérêts les membres d'un Corps politique, afin de les faire concourir au bien public. Le despote les divise, sépare leurs intérêts de ceux de la Patrie, & ne leur permet de travailler qu'à ce qu'il suppose utile à son intérêt particulier. Le Gouvernement conserve, défend, maintient l'association; le Despotisme la dissout. Pour gouverner, il faut de l'expérience, des soins, de la vigilance, des lumieres, de la raison; pour tyranniser, il ne faut que de la force. Pour édifier & conserver, il faut des talents & des vertus; pour détruire, il ne faut rien. L'autorité, pour être légitime, doit être fondée sur la félicité publique & le consentement des Peuples; l'autorité despotique n'est fondée que sur la violence & la misere publique, d'où il suit qu'elle ne peut jamais être approuvée par les malheureux qu'elle écrase.

AINSI le Despotisme ne peut pas être regardé comme une forme de Gouvernement; il est évidemment l'absence de toutes les formes, l'anéantissement de toutes les regles. Il ne peut être légal, parce qu'uniquement fondé sur le caprice, il est contraire aux loix naturelles qui toujours sont conformes à la justice; il est contraire aux loix civiles, qui ne peuvent jamais déroger à celles de la nature; il est contraire aux loix fondamentales d'un Etat, qui toujours doivent avoir pour objet l'administration équitable de l'Etat.

Un *Despotisme légal* est une contradiction dans les termes.

Le Despotisme est essentiellement contraire à la nature de l'homme & au but de toute société. Il est totalement impossible qu'un mortel foible, sujet à des passions, à des vices, à des préjugés, à des erreurs, à des infirmités, ne se trompe très souvent sur les moyens d'opérer le bien public; un Prince infaillible & sans défauts est un être de raison, & l'expérience nous prouve que la puissance suprême est communément bien plus propre à corrompre, qu'à former le cœur & l'esprit. Tout concourt à nous convaincre que le Despotisme ou le pouvoir absolu est la licence, l'anarchie, la violence d'un seul, ou de ses complices, exercée contre tous. C'est un brigandage affreux qui finit par être aussi funeste au despote, qu'à ses esclaves.

Les ravages du Despotisme sont tracés en caracteres lisibles sur toutes les parties de notre globe. Il est aisé de reconnoître ses sinistres effets dans la dépopulation, dans l'engourdissement, dans la pauvreté, dans l'inertie de toutes les Nations qui éprouvent ses fureurs. Pourquoi des Peuples que la nature avoit placés dans un sol fertile; à l'industrie desquels tout fournissoit d'àmples matériaux; que les circonstances sembloient destiner à la félicité, pourquoi, dis-je, ces Peuples languissent-ils dans l'indolence la plus lâche, dans la paresse la plus honteuse, dans le découragement le plus complet? Pourquoi sont-ils privés des arts les plus nécessaires à la vie, des manufactures les plus utiles, des connoissances les plus communes? Le sol a-t-il donc abſolument changé dans la Grece que nous voyons aujourd'hui inculte & dépeuplée ; dans cette Italie dont les plus belles Provinces ſont déſertes; dans cette Eſpagne qui n'offre plus au voyageur étonné qu'une terre aride, habitée par quelques mendiants vains & pareſſeux ? Non, ſans doute; le Deſpotiſme, à force de déſordres, a vaincu la nature, & rend tous ſes dons inutiles. Il a depuis long-tems enchaîné & les corps & les esprits ; il eſt parvenu à éteindre dans les cœurs toute idée de liberté ; il a même anéanti juſqu'à la volonté de travailler à ſon bien-être. Des Princes remplis d'un orgueil puéril, & qui n'ont nulle idée, ni de la vraie grandeur, ni de la vraie puiſſance, ſe contentent de régner triſtement ſur d'immenſes déſerts où l'on ne rencontre que quelques malheureux éloignés les uns des autres. Un Souverain peut-il donc ſe croire grand & puiſſant, quand ſes Etats ne lui préſentent que le tableau lugubre de la foibleſſe, de l'affliction & de la ſervitude ? quand ſes provinces deviennent le repaire des bêtes féroces, des ſerpents venimeux, le ſéjour de la contagion & de la mort ?

Oui ; je le répete, c'eſt l'avidité du Deſpotiſme, ce ſont ſes extorſions, ſa négligence, ſes extravagances qui changent les plus belles contrées en d'affreuſes ſolitudes, dont elles font diſparoître l'abondance & la ſalubrité. Les terres abandonnées par le cultivateur produiſent des famines ſuivies de contagions fréquentes, qui achevent d'emporter les malheureux que la fureur guerriere des tyrans avoit épargnées. Des forêts ſtériles & mal ſaines, des eaux croupiſſantes, des marais infectés qui répandent des vapeurs mortelles viennent peu-à-peu remplacer des campagnes riantes dont les habitans ont été forcés de se bannir (44). On diroit que les Despotes se plaisent à repousser les dons de la nature & veulent la forcer à n'être qu'une marâtre pour leurs malheureux Sujets. A juger de leurs idées par leur conduite, on seroit tenté de croire qu'ils font souvent consister toute leur gloire à exercer leur méchanceté sur des mendiants & des pestiférés. Les pays ne deviennent salubres qu'en raison de leur culture; ils ne sont cultivés qu'à proportion de leur population; ils ne sont peuplés qu'à proportion du bien-être, de l'aisance & de la liberté dont jouissent leurs habitans. Ainsi le Despotisme parvient même à corrompre l'air & à changer la nature du climat & du sol.

Est-il une maxime plus fausse & plus détestable que celle de tant de Princes à qui l'on persuade que, pour rendre les Peuples plus dociles, il est avantageux de les tenir dans la misere! Un

(44) Tous ceux qui ont été en Italie connoissent les dangereux effets des *Marais Pontins* qui se trouvent dans l'état de l'Eglise entre *Terracine* & *Nettuno* dont l'effet est de répandre des exhalaisons pestilentielles qui chaque année font périr beaucoup de monde. On a calculé que le desséchement de ces Marais donneroit deux millions cinq cents mille pieds quarrés de bon terrein capable de garantir pour toujours les terres du Pape des fréquentes disettes & des contagions dont elles sont ravagées. Mais jamais jusqu'ici les Pontifes n'ont daigné consacrer la somme modique de cinq cents mille livres à ce projet utile, dont l'exécution passe pour sûre & facile. C'est ainsi que la négligence & l'avarice perpétuent les malheurs physiques & moraux de l'espece humaine!

Molesworth a remarqué que depuis l'établissement du Despotisme en Dannemarck, il y regne des Epidémies causées par la mauvaise nourriture du Peuple.

On peut observer que dans les pays libres, il regne plus de propreté que dans les pays asservis; les esclaves se négligent, la propreté est le fruit de l'aisance & contribue à la santé.

Souverain se trouve tôt ou tard cruellement puni, quand il prête l'oreille à cet affreux principe, dont la pratique n'est propre qu'à jetter, ou dans une inaction mortelle, ou dans un désespoir dangereux dont il peut devenir lui-même la victime; en attendant il s'appercevra bientôt qu'un Souverain ne peut être ni aimé ni considéré, s'il n'a sous ses ordres que des esclaves mal sains, affamés & mécontents de leur sort.

Pour être aimé des hommes, il faut leur faire du bien. Cette maxime si simple & si démontrée est pourtant méconnue du plus grand nombre de ceux qui gouvernent les hommes. Ils semblent avoir adopté la maxime d'un Tyran qui disoit, *qu'ils me haïssent pourvu qu'ils me craignent* (45). Le Souverain qui néglige ses sujets leur devient indifférent. Le Tyran qui les opprime, leur devient odieux: celui qui joint l'opiniâtreté à la Tyrannie les réduit au désespoir & doit tout craindre pour lui-même: des esclaves irrités par des vexations continuelles, qui ne connoissent le nom terrible de leur Maître que par des ordres cruels, à qui ce Maître ne parle dans ses édits que pour leur annoncer de nouveaux malheurs, de nouveaux impôts, peuvent-ils donc aimer la source de leurs peines? Seront-ils sincerement attachés à un Prince dont on ne les entretient, que pour les épouvanter & pour arracher le pain des mains de leurs enfans?

(45) *Oderint dum metuant.* Mais le Tyran, suivant Séneque, est forcé lui-même de craindre ceux qui le craignent.

Qui sceptra duro sævus imperio regit
Timet timentes: metus in auctorem redit.

Voyez Senec. Œdip. V. 705.

Il faut qu'un Souverain ſoit bien méchant ou bien aveugle, quand il n'eſt point aimé. Les Peuples éblouis par la pompe & le faſte dont la grandeur eſt entourée, reſpectent toujours la Puiſſance Suprême, & ſont naturellement portés à la chérir & à ſe glorifier de ſon éclat. Il n'y a que l'excès & la continuité du mal qui détruiſent ces idées, & qui portent les Sujets à la haine. Au milieu des rigueurs les plus marquées, ils cherchent encore à diſculper leurs maîtres; ils aiment mieux croire qu'ils ignorent leurs maux, que d'oſer les accuſer d'en être les auteurs. N'eſt-il pas bien barbare de ſe ſervir de ces diſpoſitions mêmes pour tout oſer? Un Roi de Caſtille diſoit, *qu'il craignoit bien plus la haine de ſon Peuple, que le fer de ſes ennemis.*

Si l'on en juge par leur conduite inquiete & par les dépenſes énormes qu'ils font pour mettre leurs perſonnes en ſûreté, on eſt forcé de dire que les Peres des Peuples vivent ſouvent dans leurs familles, comme s'ils ſe croyoient entourés d'ennemis (46). Inacceſſibles à leurs ſujets; environnés d'une triple rangée de ſatellites, ne ſemblent-ils pas annoncer ouvertement le peu de confiance qu'ils ont dans ceux qu'ils devroient regarder comme leurs enfans? Un Prince peut-il être mieux gardé, que par la tendreſſe de tout un Peuple intéreſſé à la conſervation de ſes jours?

Les Souverains & leurs Miniſtres, par un aveuglement fatal, regardent comme des ennemis de leur autorité, ceux qui leur mettent ſous

(46) *Il n'y a pas*, dit Xénophon, *de véritable paix entre un Roi & les Peuples qu'il tient ſous le joug. Jamais Tyran n'oſa ſe fier à des traités.*

VOYEZ XENOPH. DIALOG. DE LA CONDITION DES ROIS.

les yeux les dangers évidents d'une politique auſſi contraire à leurs propres intérêts, qu'à ceux des Nations, dont elle anéantit l'amour. Ne ſentiront-ils jamais que les loix qu'ils veulent affoiblir ou détruire ſont leur propre ſûreté? que la liberté qu'ils veulent écraſer, eſt néceſſaire à l'activité, à l'induſtrie, au développement de la raiſon nationale? Ne voient-ils pas que les vrais ennemis de l'autorité ſont ceux qui la rendent odieuſe & qui accumulent ſur elle l'indignation publique? Enfin ces hommes dont les yeux ſont ſi perçants & liſent dans l'avenir, ne ſentiront-ils jamais qu'il faut ſemer pour recueillir?

Un mauvais Gouvernement eſt un champ aride & brûlé, incapable de fournir une moiſſon abondante. Les bienfaits de la nature ne ſont pas faits pour ceux qui contrediſent la nature: les avantages qu'elle procure ſe tournent en poiſon pour ceux qui en abuſent. Mais ainſi que la Théologie, le pouvoir deſpotique voudroit concilier les choſes les plus inconciliables: il voudroit ſe faire aimer, tandis qu'il ne ſçait inſpirer que la terreur. Il voudroit une agriculture floriſſante, tandis que ſes impôts arbitraires découragent le cultivateur. Il voudroit de l'induſtrie, tandis que ſes chaînes lient les bras & puniſſent l'induſtrie. Il voudroit du commerce, mais le commerce languit ſans liberté. Il voudroit des Provinces peuplées, & ſes guerres continuelles immolent les hommes beaucoup plus promptement que la nature ne peut les reproduire (47). Sous

(47) On dit que le Grand Condé, ayant perdu beaucoup de monde dans une bataille dit, *qu'une nuit de Paris répareroit tout cela*. Mais ce Prince, tout grand capitaine qu'il pût être, étoit un mauvais calculateur. *Une nuit de Paris* ne fournit point à l'Etat des hommes tout formés; ſur dix enfans qui naiſſent il y en a tout au plus un qui parvienne à l'âge de trente ans.

un Gouvernement injuste & vorace, l'esclave n'a pas le courage de se multiplier; il sçait que la vie est un présent funeste, quand elle n'est destinée qu'à des infortunes continuelles; il sçait que donner le jour à des enfans, c'est augmenter le poids de sa propre misere (48).

L'HOMME ne chérit son existence, que quand elle est heureuse ou peut le devenir: il s'abandonne lui-même & cesse d'aimer la vie, dès qu'elle ne lui montre que des peines sans fin. Il est contre nature d'aimer la violence, l'indigence & la faim, & d'en aimer les causes. Le dernier excès de l'aveuglement & de la folie est de baiser avec transport la main qui nous enfonce le poignard dans le cœur. Cependant, à la honte de l'espece humaine, la tyrannie, quelque cruelle qu'elle soit, trouve des défenseurs, des approbateurs, des soutiens. Les despotes les plus méchants, entourés de flatteurs, sont communément ceux que l'on encense le plus; l'on espere peut-être, à force de ramper, adoucir la férocité de ces lions déchaînés; tandis que réellement on ne fait que la rendre plus entreprenante & plus avide. Présenter la vérité aux Princes, leur montrer leurs intérêts, leur exposer les conséquences dangereuses de leur négligence ou de leurs passions; faire connoître aux Peuples leurs droits, leur exposer les avantages de la liberté, leur annoncer la vérité; voilà les seuls remedes que l'on puisse opposer aux maux dont ils sont si souvent les victimes.

(48) Dans les dernieres années du regne de Louis XIV. les habitans de la Champagne, accablés par les impôts, récitoient chaque jour & apprenoient à leurs enfans une formule de priere par laquelle ils demandoient à Dieu la grace de mourir dans l'année. Dans les Etats de Maroc, & dans tout l'Empire Ottoman, les gens mariés ont des secrets infames pour n'avoir point d'enfans, même en usant des droits du mariage.

CHAPITRE XIV.

De la Corruption des Cours.

S'IL N'Y avoit point de flatteurs, il n'y auroit point de tyrans fur la terre. Les hommes, comme on l'a dit ailleurs, ne rougiffent point de ce qu'ils voient approuvé & applaudi par ceux qui les entourent. Les Princes, perpétuellement environnés de perfonnes difpofées à flatter leurs penchants les plus déréglés, ou commettent fouvent le mal par ignorance, on n'éprouvent aucuns remors. Ce n'eft communément que lorsqu'il eft trop tard, qu'ils ouvrent enfin les yeux, & font faifis de frayeur à la vue de l'abime qu'une complaifance criminelle a creufé fous leurs pas.

LE Monarque, en tout pays, eft un Dieu. L'étiquette eft fon culte; fes miniftres font fes Prêtres, de même que ceux de la Divinité: ces Prêtres font rarement d'accord entre eux; ils font chargés de rendre les oracles de l'idole, qui font communément dictés par eux-mêmes ou par leurs propres intérêts. Trop grand pour prendre part aux affaires, le Dieu demeure caché dans fon Palais devenu fon fanctuaire, dont les approches font foigneufement gardées, de peur qu'aucun profane n'ait la liberté de lui adreffer fes voeux ou de fe plaindre des injuftices qu'il éprouve. Le rang, la naiffance, la faveur donnent feuls les entrées auprès des Princes, deftinés à rendre la juftice à tous leurs fujets.

L'IGNORANCE & l'incapacité trop communes chez les Princes, ſur-tout quand ils jouiſſent d'un pouvoir abſolu, les attachent pour l'ordinaire très fortement aux pompeuſes minuties de l'étiquette; ils croient que régner, c'eſt ſe faire adorer. Les cérémonies faſtueuſes en impoſent toujours au vulgaire, lui inſpirent une admiration ſtupide, & conſtituent la grandeur à ſes yeux: il auroit une idée mépriſable de ſon maître, s'il le voyoit ſe conduire avec ſimplicité. En conſéquence les Princes aiment à *repréſenter*; mais leur faſte n'en impoſe pas à la raiſon; dans un cérémonial bien recherché, dans une étiquette orgueilleuſe, dans un monarque inacceſſible, elle apperçoit pour l'ordinaire la foibleſſe, la vanité, le génie rétréci d'un homme qui s'efforce de s'envelopper d'un trompeur appareil. Les Princes qui ont des talents & de la grandeur d'ame, dédaignent ſouvent des frivolités qu'ils trouvent trop gênantes; le tems leur paroît trop prétieux pour le ſacrifier à des bagatelles puériles. Ils laiſſent aux Sultans mépriſables de l'Aſie, ce vain attirail qui n'annonce que la petiteſſe de celui qui s'en occupe.

UN Prince qui ne ſe laiſſe approcher que par ſes miniſtres & ſes courtiſans, peut ſe tenir asſûré que jamais la vérité ne pénétrera juſqu'à lui. Il n'entendra ſans doute rien d'affligeant pour ſon ame; les juſtes plaintes de ſon Peuple demeureront éternellement interceptées; il ne ſe doutera nullement que ſes Sujets ſoient accablés, que ſes Provinces ſoient ruinées, que l'agriculture ſoit détruite, que le commerce ſoit banni de ſes Etats. Toutes les voix ſe réuniront pour lui dire que, sous ses loix bienfaisantes, les Peuples sont contents, & que chacun s'intéresse à la conservation du meilleur des maîtres, en un mot, que rien ne manque à la prospérité de l'Etat.

L'INTÉRÊT du courtisan & du ministre injuste est que le Prince soit foible, inappliqué, indolent, vicieux ; c'est alors qu'ils sont sûrs d'en tirer un grand parti ou de régner eux-mêmes. Rien de plus incommode pour une cour, essentiellement corrompue par la molesse & l'oisiveté, qu'un Prince ferme, actif, clairvoyant, ami de l'équité: rien de plus fâcheux que l'ordre & l'économie pour des valets intéressés qui vivent du désordre, qui profitent des vices & de la nonchalance de leur maître, qui font trafic de ses graces, qui ne se trouvent à leur aise que lorsque les Peuples sont accablés. Dans le langage des cours, un bon Prince est celui qui ne peut rien refuser aux affamés qui l'environnent, ou qui du moins leur permet de vexer impunément. Un bon Prince pour sa cour, est un Prince très cruel pour le reste de ses Sujets. Bodin dit avec raison, *qu'un méchant homme fait souvent un très bon Souverain.* Un Roi méchant, s'il a de l'activité, est préférable à un Prince qui, faute de vigueur, se prête communément à toutes les iniquités qu'on veut lui suggérer.

LE faste, le luxe, les profusions inutiles, les libéralités mal placées, le désordre, les dettes ; voilà ce qui constitue la grandeur d'un Prince dans l'esprit d'un courtisan. Dès qu'il est écouté, il montrera à son maître l'économie comme une petiteſſe indigne de lui; l'arrangement & l'ordre, comme des choſes qui ne ſont faites que pour des puiſſances inférieures, & non pour le chef d'un grand empire: il lui dira que les loix gênantes de l'équité n'ont aucun droit d'arrêter les fantaiſies d'un grand Potentat, qui doit ſe diſtinguer du vulgaire des Rois par des palais ſomptueux, des fêtes continuelles, des ſpectacles ruineux, & ſur-tout par des guerres qui le mettent à portée de faire la loi à l'univers. Enfin il lui perſuadera que rien n'eſt plus aviliſſant pour un Roi, que de gouverner, de remplir les devoirs de ſon état, de gérer ſes propres affaires. On retrouve communément dans l'homme de cour, les vices qui forment le caractere du valet; un courtiſan, avec de la hauteur dans l'ame, eſt un phénomene rare & qu'on ne ſçauroit trop admirer; il déplaît toujours à ſes pareils, & finit preſque toujours par déplaire à ſon maître.

Si tant de Princes veulent exercer un deſpotiſme inſenſé; s'ils n'ont pour l'ordinaire aucune idée de leurs devoirs & de leurs vrais intérêts; s'ils n'entendent preſque jamais la vérité; ſi les nations ſont continuellement écraſées par des impôts exceſſifs, déſolées par des guerres; ſi les citoyens ſont vexés dans leur perſonne & leurs biens, en proie à mille fléaux dont il ne leur eſt pas même permis de ſoupirer; c'eſt à des adulateurs faméliques, à des Miniſtres lâchement complaiſants, à des Grands avides de diſtinctions & de rangs, que tous ces maux ſont dûs. *Vos peuples ſont trop heureux, ils n'en ſont pas encore ré-*

duits à brouter l'herbe, disoit un Ministre à son Roi. (49)

Après celà faut-il être surpris de l'orgueil insupportable que le pouvoir absolu donne à ceux qui l'exercent, & du mépris qu'ils ont pour le reste des hommes. C'est en vain qu'on réclame auprès d'un despote les droits de l'humanité. Un Sultan, ayant une passion extrême pour la chasse, son Visir osa lui représenter que cet amusement ravageoit les moissons, & même coutoit souvent la vie à plusieurs de ses sujets. Son Maître, le regardant d'un œil courroucé, lui donna pour toute réponse, *qu'on ait soin de mes chiens; & vous même voyez qu'ils soient bien nourris & bien traités* (50). C'est ainsi que des courtisans enorgueillissent les Princes, & ceux-ci finissent par les traiter eux-mêmes avec un profond mépris; la hauteur des Souverains n'est jamais que l'ouvrage des flatteurs dont ils sont environnés.

Dans la vue de se relever lui-même, ou du moins de justifier & de colorer sa conduite vile & rampante, l'homme de cour s'accoutume à regarder son maître comme un Dieu, & s'efforce de le faire passer pour tel aux yeux des autres. Dès lors il ne rougit plus, & même il se glorifie de se rendre le ministre de ses plaisirs infames; il se fait un devoir de respecter ses goûts & de les prévenir. Tout est permis aux Princes, ainsi qu'aux Dieux; sur ce principe rien ne paroît abject au courtisan; il sçait tirer sa gloire de l'op-

(49) Le Surintendant Bullion à Louis XIII. surnommé *le Juste*.
(50) Voyez *Cantemir hist. ottomane Tome IV.*

probre; les ſervices les plus humiliants, en lui donnant du crédit s'ennobliſſent à ſes yeux. Il ſe fait un mérite auprès de ſon maître du ſacrifice total de l'honneur, de la vertu, des ſentimens naturels de l'homme (51). Rien ne prouve d'une façon plus convaincante à quel point l'homme peut être modifié par l'habitude, que

(51) Rien de plus incroyable & de plus révoltant que les excès de baſſeſſe auxquels l'hiſtoire nous apprend que des courtiſans ſe ſont portés en tout pays. *Aſtyage* fit manger à *Harpagus* la chair de ſon fils, & lui ayant demandé comment il l'avoit trouvée, le courtiſan lui répondit qu'à la Table du Roi on ne mangeoit rien que d'excellent & que tout ce qui s'y faiſoit par ſes ordres lui étoit très-agréable. — *Cambyſe*, pour montrer ſon adreſſe à tirer de l'arc, perça le cœur du fils d'un Seigneur de ſa cour aux yeux même de ſon Pere; ſur quoi celui-ci s'écria qu'*Apollon lui-même n'auroit pas tiré plus juſte.* — Le vaiſſeau qui portoit *Xerxès* étant prêt à faire naufrage, la plupart de ſes courtiſans ſe précipiterent dans la mer, afin d'alléger. — *Denis* le jeune, Tyran de Syracuſe, ayant la vue très baſſe, ſes courtiſans affectoient ſans ceſſe de ſe heurter les uns les autres, & ſe plaçoient dans des endroits où il put cracher ſur eux. — *Alexandre* ayant voulu ſe faire paſſer pour un Dieu, *Anaxandre* lui demanda ſérieuſement un jour d'orage ſi ce n'étoit pas lui qui avoit tonné. *Niceſius*, courtiſan du même Prince l'aſſura que les mouches nourries de ſon ſang Royal devenoient plus vaillantes & piquoient plus vivement que les autres. — *Combabus*, Miniſtre de *Seleucus*, ſe fit eunuque, pour ſe ſouſtraire à l'amour de la Reine *Stratonice*, afin de ne point allarmer la jalouſie de ſon maître; tous ſes adhérens à la Cour en firent autant, & eurent la complaiſance de ſe priver des parties qui manquoient à leur protecteur. — Un Roi moderne étant malade, il s'éleva près de ſon lit une diſpute très vive entre un de ſes valets de chambre & un Prince ſon grand chambellan pour ſavoir à qui appartenoit le privilege d'enlever le baſſin de Sa Majeſté. Le droit reſta au Prince qui tout glorieux emporta ſous ſon chapeau l'objet de la querelle. — Les Grands dans l'iſle de Ceylan ont un ſouverain mépris pour les roturiers; mais leur morgue diſparoit en préſence du Monarque; lorſqu'ils lui parlent d'eux-mêmes ils ſe qualifient de *Chiens.* — Les Grands de la cour de Perſe prennent très ſouvent le titre de *Kouli*, c'eſt-à-dire d'*Eſclave.* — Dans pluſieurs cours d'Europe les Grands ne ſe ſont pas moins de gloire d'être eſclaves, que dans les cours aſiatiques: ils ſemblent annoncer avec emphaſe qu'il ne ſont que des Valets énorgueillis de leur état. — Bien des gens ont reproché au Duc de la Rochefoucault d'avoir dans ſes *Penſées* repréſenté l'eſpece humaine ſous les traits les plus choquants; il eſt juſtifié, ſi l'on fait réflexion que la cour lui a fourni ſes modeles.

la souplesse, la bassesse, le reconcement à soi-méme, l'empire sur les passions les plus fortes que l'on contracte à la cour.

Dans l'ordre naturel des choses, les citoyens les plus utiles à la Société devroient être les plus considérés, les plus honorés, les mieux récompensés; mais par le renversement que produit un gouvernement absolu, ce n'est point à la nation qu'il s'agit d'être utile, c'est à son maître; desservir son pays, est communément le moyen le plus sûr de lui plaire. Dans chaque contrée il est une classe d'hommes qui absorbe tous les honneurs, les récompenses, les richesses d'un Etat; tandis qu'elle n'a d'autre fonction que de tromper, de flatter & de pervertir les Princes & de les séparer d'intérêt d'avec leurs Nations. Toujours à portée des faveurs & des graces, le Courtisan n'est occupé qu'à exciter & fomenter les passions du maître, qu'à l'endormir dans le vice pour l'empêcher d'entendre les gémissements de son Peuple; enfin son imagination ne travaille qu'à chercher des moyens d'augmenter la misere publique, afin d'en profiter lui-même.

La Patrie n'est aux yeux du courtisan qu'un pays de conquête fait pour être mis sans cesse à contribution. Ennemi né de la liberté de son pays, il ne voit en tout que les droits de son maître, il ne s'attache qu'à lui, il ne désire que l'extension de son pouvoir; il lui faut un Despote qui puisse lui distribuer les dépouilles de son Peuple. Le Patriotisme de l'homme de cour est l'attachement du vautour sur sa proie: son attachement pour son maître est celui du parasite pour un riche stupide qui fait bonne chere.

Ce n'eſt pas ſeulement pour contenter ſes propres fantaiſies qu'un Prince entreprend des guerres, redouble les impôts, ſe met dans la détreſſe lui-même, accable ſes ſujets & s'expoſe à perdre leur amour. C'eſt pour ſe prêter aux déſirs d'une nobleſſe impétueuſe qui demande à s'avancer, à mériter un grade; c'eſt pour faire jouer un plus grand rôle à un Miniſtre, que l'univers eſt mis en feu; c'eſt pour contenter l'avidité, le faſte & les folies d'une cour; c'eſt pour amuſer ſon oiſiveté, pour charmer ſes ennuis, pour alimenter ſes vices, que les Nations ſont ruinées. Au ſein des Sociétés les plus opulentes, les Princes ſont toujours épuiſés & forcés de recourir aux expédients les plus injuſtes, ſous prétexte des beſoins de l'Etat. Mais qu'eſt-ce que ces beſoins prétendus de l'Etat qui ſervent à colorer les extorſions les plus criantes, les impôts les plus exceſſifs, la violation des ferments les plus ſacrés? En examinant la choſe de près, on trouvera pour l'ordinaire que les beſoins de l'Etat ſont les déſordres des finances cauſés par le défaut d'économie, par la prodigalité du Prince, par la voracité des courtiſans inſatiables dont il eſt aſſiégé, & auxquels il ſacrifie honteuſement & ſon aiſance propre & le néceſſaire de ſon Peuple.

Les Nations ſont-elles donc faites pour travailler ſans relâche à fournir de quoi repaître la vanité, le faſte, l'avarice d'une foule de ſangſues inutiles & corrompues? Répandre les tréſors & les graces de la Société ſur des hommes qui, bien loin de la ſervir, ne ſont que les inſtruments de ſa ruine, n'eſt-ce pas un vol, une injuſtice, une prévarication manifeſte? Un Souverain, en comblant de richesses & de faveurs un indigne Ministre, un flatteur, un sycophante, une maîtresse, ne force-t-il pas son Peuple à honorer & à payer les flatteries, les fourberies, les mauvais conseils, les vices, la perte du tems & les folies qui réduisent ce peuple à la mendicité?

Les préjugés ont tellement dégradé l'esprit humain, que ceux mêmes qui, par leur état & leurs circonstances, devroient avoir plus d'élévation dans l'ame, sont parvenus à se faire un honneur chimérique de ce qui naturellement devroit les couvrir d'opprobre & les avilir, soit à leurs propres yeux, soit aux yeux de leurs concitoyens. Comment se fait-il que les hommes les plus grands d'une nation sont communément ceux qui, perdant toute estime & tout respect pour eux-mêmes, consentent le plus facilement à des bassesses? Les personnes que leur naissance, leurs richesses, leur rang dans la Société, leur pouvoir devroient faire penser avec le plus de noblesse, sont précisément celles que nous voyons très souvent s'abaisser & sacrifier le plus aisément l'estime que tout homme doit avoir pour lui-même. Tel homme qui n'a besoin de rien, qui a même de quoi contribuer au bien-être de beaucoup d'autres; qui jouissant dans les possessions de ses Peres d'une fortune éclatante, pourroit régner lui-même sur les cœurs de ses vassaux, préfere le plaisir ignoble d'aller ramper dans une cour, de se confondre avec une troupe de mendiants affamés, de se mêler d'intrigues criminelles & puériles, de s'exposer aux mépris & aux affronts d'une idole que l'habitude rend insensible aux bassesses de ceux qui viennent journellement se prosterner à ses pieds! Est-il rien de plus dur que de s'humilier devant un maître qui nous avilit & nous dédaigne? Est-il rien de plus révoltant pour un grand cœur, que de souffrir les hauteurs d'un visir insolent qu'on méprise?

La Noblesse, dans les Monarchies, forme toujours un corps à part, que sa vanité peu réfléchie, détache communément des intérêts de tous les autres citoyens. Les membres de ce corps, divisés entre eux par des jalousies continuelles, & par des passions pour des objets méprisables, se laissent communément leurrer par des distinctions frivoles, des privileges apparents, des presséances vaines, des ornements fictifs qui, aulieu de les décorer, ne font que les avilir, les tenir dans l'esclavage, & les séparer du corps de la Société. Ainsi, une vanité puérile, que l'on prend pour de l'honneur, asservit réellement la partie la plus distinguée de l'Etat, qui bientôt donne l'exemple de la bassesse aux autres classes d'une nation. La vraie noblesse, le sentiment, de la vraie gloire, le sentiment de l'honneur véritable peuvent-ils se concilier avec l'esprit de servitude? Comment prétendre à l'estime des autres, quand on commence par s'avilir & se mépriser soi-même?

On prétend que *l'honneur est le grand mobile des monarchies.* Mais en quoi consiste donc cet honneur? C'est dans une vanité ridicule, dans des avantages imaginaires, dans des titres ou des sons, dans des marques futiles, que le courtisan & le noble font consister tout leur honneur, & auxquels on ſacrifie ſon bien-être véritable, toujours lié à celui de la nation. Qu'eſt-ce qu'un honneur qui dépend des caprices, de la faveur, de l'opinion, de la mode (52)? Le véritable honneur eſt, comme on l'a fait voir, le droit que nous avons à l'eſtime de nos concitoyens & à notre propre eſtime. Ce droit ne peut être appuyé que ſur le bien que nous faiſons. L'honneur fondé ſur la vertu ne dépend, ni des fantaiſies d'un Monarque, ni des conventions des hommes, ni des préjugés d'une cour. Nulle force ſur la terre ne peut priver l'homme de bien de l'honneur véritable, qui n'appartient qu'à lui ſeul.

ON a nommé *qualité* par excellence, la naiſſance illuſtrée par un rang à la cour. L'homme de qualité, d'après les préjugés établis, ſans rien faire d'eſtimable, quelquefois même en ſe déshonorant par des actions honteuſes & criminelles, eſt autant au-deſſus du plébéien, que l'homme eſt au deſſus de la bête. Pour juger des fondements de cette opinion, ne faudroit-il pas examiner ſi la qualité procure à celui qui la poſſede des avantages réels, ſoit pour le corps, ſoit pour l'eſprit, ſoit pour les mœurs? La nobleſſe en tout pays jouit, ou croit jouir d'un grand nombre d'avantages, ſouvent idéaux qu'elle s'accoutume à regarder comme eſſentiellement inhérents à ſa nature. *Les Grands conſiderent la qualité comme incorporée à leur être* (53) & le vulgaire leur adjuge les droits qu'ils

(52) Le Roi de Siam accorde à ſes Eléphants favoriſés les mêmes titres qu'il donne aux Grands de ſa cour.

(53) Voyez Nicole *Eſſais de Morale* tom. II. page 84. 87. 143.

se sont faits à eux-mêmes. La Noblesse représente des richesses, du crédit, de la force, de la protection, des plaisirs, en un mot, les moyens de procurer des biens: en faveur de ces biens, l'humble citoyen s'anéantit devant les Grands & les révere. Cependant ces Grands ne sont rien, s'ils ne sont point exempts eux-mêmes des caprices du sort, ou s'ils ne procurent aucuns des avantages que l'on est en droit d'en attendre; ils sont des usurpateurs, s'ils s'arrogent dans la Société une supériorité ou des droits qui ne peuvent légitimement appartenir qu'au mérite, à l'utilité, à la vertu.

N'ÉCOUTONS point les déclamations chagrines d'une philosophie qui voudroit déprimer la grandeur ou qui défendroit de la désirer. Ne disons pas avec les jaloux dont parle Montagne, *puisque nous ne pouvons parvenir à la grandeur, vengeons-nous à en médire.* Les Grands sont des citoyens respectables, lorsqu'ils font un bon usage des avantages dont ils jouissent: il y auroit de l'injustice à refuser ses hommages à des citoyens disposés à contribuer au bonheur de leurs concitoyens. Rien de plus naturel que de désirer la grandeur & de chercher à l'obtenir comme un moyen légitime de travailler à notre propre félicité, en contribuant à celle des autres. Les Grands ne sont méprisables, que lorsqu'ils s'avilissent: la grandeur n'est odieuse, que lorsqu'elle contribue au malheur de la Société. L'orgueil & l'envie toujours injustes décrient la grandeur utile; la sagesse plus équitable l'honore, quand elle se distingue par des services réels, par des inclinations louables ou par des sentimens généreux. La raiſon, l'équité, l'intérêt de la Société exigent qu'on reſpecte la grandeur véritable.

Etre grand, c'eſt avoir trop de grandeur d'ame, trop de reſpect pour ſoi-même, pour conſentir à s'avilir ; c'eſt avoir acquis par ſes talents & ſes ſervices, des droits à la conſidération publique. Etre noble, c'eſt penſer avec nobleſſe ; ce n'eſt pas deſcendre par un effet du haſard d'une longue ſuite d'ayeux titrés qui ſouvent n'ont fait que déchirer, opprimer la Patrie, contribuer à lui forger des fers. C'eſt défendre cette Patrie, c'eſt la maintenir dans ſes droits, c'eſt protéger ſa liberté. Avoir du crédit, ce n'eſt pas jouir du droit infame de violer impunément les regles de la juſtice, de mépriſer les loix, d'écraſer le malheureux ; c'eſt avoir le pouvoir de faire valoir les droits de l'équité, de faire obſerver les loix, de protéger l'innocence opprimée. Avoir des privileges & jouir de l'indépendance, c'eſt être à couvert des coups du Deſpotiſme capricieux ; c'eſt ne dépendre que de la loi. Etre puiſſant, c'eſt poſſéder ce qu'il faut pour tendre une main ſecourable aux foibles. Avoir de l'honneur, c'eſt mériter l'eſtime de ſes concitoyens, & craindre, plus que la mort, de perdre un ſentiment que rien ne peut remplacer.

Les opinions fauſſes, accréditées par le Deſpotiſme, ont renverſé toutes les idées vraies de grandeur : ce Gouvernement lâche & fondé ſur une fauſſe politique, empêche preſque toujours de connoître les objets que l'homme doit déſirer. Uniquement établi ſur l'illuſion & le preſtige, il donne des notions trompeuſes de tout ; il ſépare les intérêts des Nobles & des Grands de ceux de l'Etat, pour les lier excluſivement à ceux d'un maître qui ſe croit lui-même intéreſſé au malheur & à l'oppreſſion de ſes Peuples. Pour atteindre ce but, il ſéduit ceux des citoyens qu'il veut faire entrer dans ſes projets par des jouets futiles, qui leur font perdre de vue les objets les plus faits pour les intéreſſer. Eſt-il donc des citoyens plus interreſſés au bien-être de l'Etat, à la ſûreté des poſſeſſions, au maintien des loix, à la liberté publique que ceux qui jouiſſent des plus grands biens dans l'Etat ?

Mais le pouvoir magique de l'opinion fait que les hommes n'ont que des idées trompeuſes & ſont les dupes d'une foule de preſtiges. Des mots, des chimeres, des puérilités, leur font négliger des réalités, des choſes les plus graves, les plus dignes de les occuper. En conſéquence, on voit que dans le fait rien n'eſt ſouvent plus ignoble, que l'homme qui ſe montre le plus fier de ſa nobleſſe ; rien de plus abject, que l'ame de quelques Grands ; rien de plus rampant, que ces Courtiſans ſi hauts pour les citoyens qu'ils ſe croient en droit de fouler à leurs pieds. Rien de plus timide en la préſence du Prince & de ſes Miniſtres, que ces hommes ſi courageux qui ſe vantent d'être les défenſeurs de la Patrie. Le Guerrier lui-même, à qui l'honneur fait un devoir de braver les dangers & de courir à la mort, devient lâche & tremblant à la vue de ſon maître, & ſupporte, ſans mot dire, les plus ſanglants affronts, les injuſtices les plus cruelles, les traitemens les plus honteux !

Dans presque toutes les Nations, les Souverains s'arrogent le droit de dispenser de la soumission due aux loix ceux qu'ils veulent favoriser. Les privileges, les exemptions, les immunités ne sont pour l'ordinaire que des pieges tendus à quelques ordres ou corps pour les séparer d'intérêts du reste de la Nation. Il n'y a qu'une vanité puérile, & stupide qui puisse être flattée de quelques droits précaires, de distinctions uniques & partiales qui n'ont pour appui, que le caprice & l'intérêt mobile du Prince, & qui doivent humilier & affliger les autres citoyens. Que l'on distingue, que l'on récompense les hommes les plus utiles à la Patrie; mais nul citoyen ne doit être indépendant de la loi, faite pour servir de remede à l'inégalité naturelle qui subsiste entre les membres de la Société. D'après les opinions fausses que l'on voit répandues dans le monde, il sembleroit que la grandeur, la noblesse, le crédit ne sont rien, s'ils ne procurent l'avantage d'opprimer & d'être injuste avec impunité. Des distinctions vaines & des privileges font naître *l'esprit de corps*, qui, comme on l'a dit ailleurs, est très contraire à *l'esprit social* ou au vrai Patriotisme, dont l'équité doit faire la base. Dans tous les Etats, le Clergé, la Noblesse, la Magistrature forment des corps à part, jaloux les uns des autres, divisés d'intérêts, qui uniquement entêtés de leurs avantages frivoles & de leur vanité, sont les uns après les autres attaqués avec succès par le Despotisme, que la réunion sincere de tous les ordres de l'Etat pourroit seule arrêter. Presqu'en tout pays on est prêtre, on est noble, on est magistrat, l'on n'est pas citoyen, & quand le Despote le veut, l'on n'eſt plus rien ; ſucceſſivement chacun vit du malheur de ſon voiſin.

Avoir un grand crédit, c'eſt ſouvent avoir le droit affreux d'être injuſte, de violer impunément les regles, de pouvoir faire du mal, & de braver inſolemment la juſtice & les loix. Une femme en crédit dans une cour, ſollicitée de s'intéreſſer à une affaire qu'on lui montroit comme très juſte & très facile, répondit fiérement, *je ne me mêle jamais que des affaires injuſtes & impoſſibles.* (54)

C'est ainſi que tout ſe pervertit entre les mains d'un gouvernement injuſte. Il ne peut y avoir ni honneur ni nobleſſe, ni grandeur véritable, ni privileges aſſurés, ni crédit permanent, ſous un Deſpotiſme capricieux, qui ſe fait un principe de ne ſuivre que ſon caprice & les impulſions momentanées de ſes paſſions. Toute grandeur eſt éclipſée par un maître, devant lequel tous les fronts tombent dans la pouſſiere. Quelle mépriſable grandeur, que celle qui tire ſon luſtre des ſervices humiliants qu'elle rend à un mortel accoutumé à ne regarder tous les Grands qui l'entourent, que comme des valets, qu'un ſeul de ſes regards peut anéantir ?

C'est une vanité ridicule, & non des interêts véritables, qui dans tous les tems, dans tous les pays & dans toutes les cours a cauſé les agitations les plus grandes & les plus continuelles. Des prétentions chimériques, des droits

(54) La Princeſſe des Urſins ſous Philippe V. Roi d'Eſpagne.

déraiſonnables, des prérogatives contraires au bien général empêchent perpétuellement les citoyens de faire cauſe commune, & les livrent au pouvoir de la tyrannie habile, qui profite de leurs querelles pour les aſſervir tous. Qu'eſt-ce que des privileges qu'un pouvoir injuſte accorde & peut détruire à volonté? Qu'eſt-ce qu'un crédit qui dépend de l'humeur variable d'un ſultan, d'un viſir, gouvernés eux-mêmes par des flatteurs, des ſycophantes, des femmes, des valets mercénaires? Qu'eſt-ce qu'une faveur que le caprice & l'intrigue donnent & peuvent ravir à chaque inſtant?

On ne peut trop le répéter à tous les Grands de la terre, il n'y a que la vertu qui procure une grandeur, une dignité, un honneur véritables; la liberté ſeule peut aſſûrer aux hommes l'indépendance & les privileges qu'ils ſont en droit de déſirer. Il n'eſt point de diſtinctions réelles pour des eſclaves qu'un ſoufle peut tous également renverſer. Nul homme dans un Etat n'eſt intéreſſé au maintien d'un pouvoir illimité; c'eſt une arme perfide qui bleſſe inopinément tous ceux qui s'en approchent. Les Grands ſont plus près de la foudre, que les petits qu'ils dédaignent. Un favori, tombé dans la diſgrace devient un peſtiféré que chacun fuit, & qu'il n'eſt pas même permis de plaindre (55). Un miniſtre injuſte retrouve quelquefois les fers qu'il a forgés pour les autres. Tout Despote eſt un ingrat qui ſe perſuade qu'on lui

(55) En Ruſſie la diſgrace d'un Grand ou d'un Miniſtere étoit ci-devant annoncée publiquement, & dès ce moment perſonne n'oſoit le fréquenter.

doit tout, & qu'il ne doit rien à personne: lui déplaire un instant; refuser de respecter ou de servir ses goûts les plus honteux; ne point adorer les idoles qu'il encense lui-même; désapprouver sa conduite; lui dire la vérité, sont des crimes assez graves pour lui faire oublier les services les plus longs & les plus éclatans. Bien plus, l'ame ombrageuse & l'esprit rétréci d'un tyran le rendent souvent jaloux de la gloire de celui qui l'a le mieux servi. Les talents attirent, ou la haine, ou l'envie d'un maître qui s'en voit dépourvu.

Nulle erreur, nulle folie, nulle iniquité ne demeure impunie. Les courtisans, les ministres, les grands sous un mauvais gouvernement, faute de connoître en quoi consiste la vraie grandeur, en sont punis à tout moment par les sacrifices réels & difficiles qu'ils font à des chimeres. Que se procurent-ils par tant de bassesses, de complaisances, de fatigues & de crimes? Un crédit peu solide, un pouvoir éphémere, une faveur chancelante, des honneurs vains & frivoles; mais plus souvent encore des humiliations, des chagrins, des déboires, des affronts, des disgraces, & le dérangement total de leurs affaires. L'envie que les petits portent aux grands diminueroit, ou même disparoîtroit tout-à-fait, s'ils les contemploient d'un œil moins prévenu (56). La vie d'un Courtisan ou d'un Ministre leur sembleroit aussi pénible, aussi digne de pitié, que celle d'un forçat, toujours courbé pour attendre

(56) *Magna ista quia parvi sumus, credimus; multis rebus non ex naturâ suâ, sed ex humilate nostrâ magnitudo est.*

SENEC. IN PRÆF. QUÆST. NATURAL.

le coup qui le menace. Porter sans cesse un masque; digérer des avanies sans nombre; flatter un maître que souvent on méprise; affecter un front serein au milieu des orages; intriguer sans repos & sans fin, sont des choses qui demandent bien plus de peines, qu'il n'en coûteroit pour avoir de la probité & pour acquérir de justes droits sur l'estime des hommes.

Rien de plus propre à enivrer, que la possession d'un grand pouvoir. Les chûtes continuelles & les disgraces des ministres les plus accrédités, sont rarement capables de faire rentrer en eux-mêmes les favoris des Rois. L'amour-propre leur persuade, sans doute, qu'ils auront l'art d'éviter les écueils où tant d'autres ont échoué. Mais est-il au pouvoir de la sagacité la plus exercée, de prévoir ou de prévenir les caprices que chaque instant fait éclore dans la tête d'un sultan? L'amour même est-il capable de le fixer? Autant vaudroit-il pour une Nation & pour un Ministre, faire dépendre leur sort d'une girouette ou des vents, que de la faveur d'un maître dépourvu d'équité, de sensibilité, de reconnoissance & de raison.

Plus on réfléchira sur les choses humaines, & plus on aura lieu de se convaincre que, dans quelque position que les hommes se trouvent, leurs intérêts véritables ne peuvent se séparer de ceux de la justice. Le Corps Politique a besoin de la justice de ses chefs pour être bien gouverné. Ces chefs ont besoin de coopérateurs expérimentés & vertueux pour partager avec eux les soins de l'administration. Les ministres ont intérêt de servir des maîtres équitables qui sentent & reconnoissent

noiſſent les ſervices qu'on leur rend. Les Grands ont plus d'intérêt que perſonne à la proſpérité d'un Etat, à laquelle leur grandeur & leur opulence eſt attachée. Les vrais privileges ſont ceux que la juſtice aſſûre, que la loi garantit, qui ſont appuyés par une Nation libre ou jouiſſant de ſes droits. D'où il ſuit évidemment que tous ceux qui ſe liguent avec une adminiſtration corrompue contre la choſe publique, ſont des inſenſés aſſez extravagants pour conſpirer contre leur propre félicité.

Le Miniſtre eſt l'homme de la Nation bien plus que l'homme du Roi; il trahit & l'un & l'autre, quand il les ſépare d'intérêts. Il trahit ſon maître, lorſqu'il en fait un Tyran déſagréable à ſes Sujets: il trahit la Nation, lorſqu'il fournit des moyens de lui donner des fers: il ſe trahit lui-même & ſa poſtérité, quand il établit dans ſon pays un deſpotiſme deſtructeur.

Visirs, Courtiſans, Nobles & Grands! vous qui changez ſouvent les Princes en des Tyrans impitoyables! vous qui les excitez à envahir les droits de vos concitoyens! qui montrez tant d'ardeur pour étendre le pouvoir des Rois & pour écraſer ſous leurs ſceptres la liberté des Nations! par quel aveuglement vous croyez-vous intéreſſés à faire des monſtres de vos maîtres? Comme les derniers des citoyens, n'êtes-vous pas intéreſſés à les rendre humains, modérés, équitables? Oui; vous êtes intéreſſés à la conſervation des loix qui vous protégeront vous-mêmes: vous êtes intéreſſés à la liberté publique, ſans laquelle il n'eſt pour vous-mêmes aucune sûreté. En faisant des Tyrans, vous ne serez que des instruments éphémeres d'un pouvoir éphémere & chancelant lui-même. Vous ne jouirez que d'une existence précaire; l'intrigue, la bassesse, la calomnie peuvent à chaque instant vous ravir le crédit dont vous êtes si fiers. Un mot suffira pour vous réduire en poudre & pour vous faire retomber dans la foule des opprimés. Apprenez donc à devenir citoyens; & n'égarez plus contre la Patrie des tigres qui peuvent à tout moment vous déchirer vous-mêmes. Soyez justes, bienfaisants, vertueux; & même au sein de la disgrace vous jouirez de l'estime des hommes & de l'estime de vous-mêmes; elles vous consoleront dans la retraite; elles vous dédommageront de la perte d'un pouvoir que vous n'aurez exercé que pour le bien-être de vos concitoyens. La disgrace est honorable pour celui qui emporte avec lui les regrets d'une Nation qu'il a fidélement servie.

CHAPITRE XV.

Du Gouvernement Militaire.

LE gouvernement despotique étant, comme on a vu, l'ouvrage de la force, ne se soutient que par la force; n'étant fondé que sur l'injustice, il se maintient par des injustices; n'ayant pour appui que le mensonge, il s'efforce de perpétuer l'ignorance, le préjugé, le regne de l'illusion.

LES Nations subjuguées par le pouvoir arbitraire sont continuellement administrées comme un pays ennemi. Des sujets opprimés sont contenus par les liens invisibles de l'opinion, & par des armées visibles qui, sous prétexte de les défendre contre les ennemis du dehors, les livrent sans défense aux ennemis du dedans.

LES Peuples amoureux de leur liberté ont toujours regardé des armées mercénaires & nombreuses comme totalement incompatibles avec les droits des citoyens. Les nations anciennes étoient plus libres que les modernes, parce qu'elles étoient armées. Chaque citoyen étoit soldat; le camp étoit sa cité; il portoit à sa ceinture le fer qui assûroit sa liberté. Les Nations étant devenues plus nombreuses & s'étant fixées, ont perdu, en tout ou en partie, leur liberté primitive. Le plus grand nombre des citoyens, livré à des travaux nécessaires à la vie sociale, confia le soin de le protéger au Souverain, qui se trouvoit naturellement à la tête de ceux dont le département fut de continuer à défendre les autres. Le droit de commander les soldats ne put pas être ôté au chef qui les avoit toujours commandés. Ceux-ci accoutumés à lui obéir, ne connurent d'autre autorité que la sienne, & furent naturellement disposés à le servir dans ses projets.

Dans tous les pays, les gens de guerre ne sont plus à la Nation; ils appartiennent à leur chef, ils lui prêtent serment, ils jurent de lui être fideles, ils croient ne rien devoir à la Société, ils n'ont rien de commun avec leurs concitoyens; & si le Maître l'ordonne, ils se tiennent prêts à les frapper. L'homme de guerre est par-tout un mercénaire qui ne connoit d'autres liens que ceux qui l'attachent à son commandant; il ne tient à la Patrie que comme ces lieres qui étouffent peu-à-peu l'arbre dont ils ravissent les sucs nourriciers (57). Cependant il se croit le défenseur de son pays; tandis qu'il n'est trop souvent que l'instrument fatal de l'ennemi domestique qui cherche continuellement à la mettre dans ses fers. Le despote regarde ses soldats comme appartenant plus particuliérement à lui; il les juge comme seuls propres à seconder ses vues; comme faits pour le servir aveuglément dans toutes ses entreprises, soit contre ses propres sujets, soit contre les sujets des Princes ses rivaux.

(57) Xénophon nous apprend que chez les Athéniens les citoyens propriétaires de terres étoient les meilleurs Soldats, comme les plus intéressés à la conservation de leur pays. Chez les anciens Germains on n'accordoit qu'à des hommes libres l'honneur de combattre pour la Patrie, les seuls possesseurs de la terre avoient le droit de la défendre. L'empereur Henri l'Oiseleur ne suivit pas cette Politique, il fit grace à tous les voleurs de grand chemin qu'il incorpora dans ses troupes. Les prisons publiques fournissent d'amples recrues à nos Princes Modernes.

Nourri dans les principes d'une obéissance servile; accoutumé par état à une discipline rigoureuse qui lui défend de raisonner sur les ordres qu'il reçoit, le soldat est communément un esclave, & devient par là même l'ennemi de la liberté de ses concitoyens. Dès que ses chefs commandent, il méconnoit tous les rapports qui le lient aux autres hommes; il plongera si l'on veut l'épée dans le sein du citoyen, de son frere, de son ami; il seroit puni par la mort ou l'infamie, s'il balançoit à suivre des ordres qu'il ne lui est jamais permis d'examiner. En un mot, l'homme de guerre, de même que le dévôt fanatique, ne se croit pas fait pour penser; il devient cruel, inhumain, sans pitié; il commet le crime sans remors, quand ses chefs lui disent qu'il faut commettre le crime. (58)

Les préjugés ont tellement fasciné les esprits; l'exemple a tant de pouvoir sur les hommes; les idées merveilleuses qu'on s'est faites de la grandeur & de la majesté divine des Rois ont tellement fait disparoître les notions de Patrie, de Société, de vraie Gloire, que non-seulement l'esclavage du Soldat lui paroît honorable à lui-même, mais encore que le citoyen paisible, intimidé devant lui, regarde le métier de la guerre

(58) La plupart des soldats semblent dire à leurs chefs ce que Lucain met dans la bouche d'un des officiers de César. „ Faut-il „ frapper un frere ou enfoncer l'épée dans la gorge de mon pere, „ ou bien la plonger dans le sein d'une épouse enceinte, ma main „ quoiqu'à regret, va se prêter à tout.

Pectore si fratris gladium, juguloque parentis
Condere me jubeas, plenæque in viscera partu
Conjugis, invitâ peragam tamen omnia dextrâ.

Voyez Lucan. Lib.

comme le plus noble & le plus respectable. C'est ainsi qu'à l'exemple des Sauvages, la force paroît encore la qualité la plus digne d'estime & de considération. Dans l'origine des Sociétés, l'homme fut exclusivement attaché au courage, parce que le courage étoit alors la vertu par excellence, c'est-à-dire la qualité la plus utile à des Nations toutes guerrieres. Dans les Nations modernes & civilisées, qui pour leur intérêt devroient être plus pacifiques, il seroit tems d'attacher l'idée d'honneur à des qualités plus paisibles & plus avantageuses à la Société dont les besoins ont changé.

Mais l'ignorance perpétue les erreurs des mortels. La Noblesse attache encore parmi nous la plus haute idée à la valeur, & ne souffre pas qu'on la soupçonne d'en manquer; l'infamie suit toujours la lâcheté. Cependant comme l'observe très bien un moraliste; „ la valeur inutile est „ une folie: celui qui sans raison s'expose à la „ mort, est un fou qui troque sa vie pour la foi- „ ble vanité de passer pour brave; il ignore le „ prix de la vie. (59)

Bien plus, par un préjugé vraiment barbare, la Noblesse, en un grand nombre de pays, s'imagine que la profession des armes est la seule digne de l'occuper; elle croiroit déroger & se deshonorer, si elle servoit la Patrie d'une façon plus réelle. Les Souverains communément intéressés à trouver des hommes exclusivement attachés à leur sort, ont grand soin d'entretenir ce préjugé; dans une Noblesse nombreuse, ils ont une pépi-

(59) Voyez Nicole *Essais de Morale* tom. II. pag. 95.

niere de braves dévoués à leurs intérêts, & qui ſe croient obligés de verſer tout leur ſang pour leur gloire.

SANS une crédulité prodigieuſe que juſqu'ici rien n'a pu guérir, comment auroit-on pu trouver des millions d'hommes diſpoſés à ſe battre dans des querelles qui n'ont rien de commun, ni avec leurs intérêts perſonnels, ni avec ceux de la Patrie? Comment auroit-on pu perſuader à des êtres que la nature rend amoureux de la vie, que l'honneur exigeoit d'eux de marcher gaiement à la mort & de ſe faire égorger de ſang froid, ſans être aucunement provoqués? Comment auroit-on pu les amener à ſe ſacrifier aux caprices d'un maître, communément inconnu; qui dédaigne ſes eſclaves; qui s'imagine de bonne foi que le ſang de leurs veines eſt à lui; qu'il l'a ſuffiſamment payé par une ſolde modique, qu'il a le droit de le faire couler pour ſon ambition ou ſon amuſement, qu'en périſſant pour lui on ne fait que ſon devoir. *Malheureux! n'êtes vous pas faits pour être tués?* crioit à ſes cohortes ébranlées, un héros fameux qui commandoit ſon armée.

IL EST beau, nous dit-on, *de mourir pour la patrie.* Mais eſt-ce mourir pour la patrie, que de verſer ſon ſang pour celui qui l'opprime ou qui pour de vils intérêts, étrangers à la Patrie, conduit ſes citoyens au carnage? Eſt-il rien de plus bas, de plus lâche, de plus deshonorant, que de s'immoler à la vanité mépriſable d'un Tyran inhumain? Eſt-il rien de plus abject que de lui ſervir de marche-pied pour atteindre un pouvoir dont il ne peut qu'abuſer?

Mais pour prix de ſa valeur & du ſang qu'il a perdu, le guerrier ſera-t-il au moins juſtement, dignement, ſûrement récompenſé? Le Deſpote ſe montrera-t-il plus équitable envers les ſoutiens de ſon pouvoir & les martyrs de ſes folies, qu'envers ſes autres Sujets? Non; nous verrons ſouvent ce champion de l'honneur forcé de digérer en ſilence les rebuts, les mépris, les paſſe-droits que lui feront éprouver un Maître inſenſible, un Miniſtre hautain, qui daigneront à peine écouter ſes juſtes plaintes ou jetter un regard de pitié ſur ſes bleſſures. Les ſollicitations d'un intriguant, d'un complaiſant, d'un protégé, d'un proxénete, d'une femme, prévaudront ſur les droits de l'homme de cœur qui aura mille fois prodigué ſa vie dans les batailles. Privé ſouvent de ſes membres, chargé d'infirmités & d'années, il traînera ſes jours dans l'indigence, le regret & la honte d'avoir follement ſacrifié ſa fortune & ſon bien-être pour des ingrats qui rient, & de ſa ſimplicité, & de ſa colere impuiſſante.

O Guerriers! c'eſt ainſi que vous êtes punis de vos aveugles préjugés! c'eſt ainſi qu'on vous récompenſe d'avoir méconnu la Patrie qui vous donna le jour, pour vous livrer à des pervers qui l'oppriment. C'eſt ainſi qu'ingrats vous-mêmes pour une mere que vous avez trahie, vous eſſuyez à votre tour l'ingratitude d'un Sultan mépriſable qui, tandis que vous expoſiez vos jours dans les combats, régloit au fond d'un ſérail, dans les bras de ſa maîtreſſe, les injuſtices dont il devoit payer votre fidélité.

Graces au pouvoir magique de l'opinion, les Princes les plus injuſtes n'ont pas à craindre de voir manquer de ſitôt les victimes qui ſe feront un honneur d'être immolées dans leurs querelles. Ils ſe ſont ſubrogés à la Patrie; ils ſont les maîtres des graces; ils poſſedent le grand mobile des hommes; ils obligent les Peuples de payer cherement les chaînes qui les accablent; enfin, par un chef d'œuvre de politique, ils ſont maîtres de l'opinion & perſuadent à des hommes raiſonnables, que l'emploi le plus noble & le plus glorieux eſt celui des citoyens qui banniſſent la liberté de leur pays!

Le ſoldat en tout pays eſt un Sauvage inconſidéré dont les maîtres achetent la liberté en lui permettant le déſordre & la licence. Par-tout le ſoldat eſt un automate, un eſclave, un ennemi de la liberté de ſes concitoyens qui le forceroit de rougir de ſa propre ſervitude. Accoutumé lui-même à des fers, il eſt très indigné de voir que d'autres prétendent s'en affranchir. C'eſt en aſſerviſſant tous les ordres de l'Etat, qu'il croit juſtifier ſa dépendance abjecte.

D'ailleurs l'homme de guerre eſt, par état, forcé de vivre à la journée, ſans ſonger au lendemain, qui n'eſt jamais à lui. Il eſt léger, frivole, inconſidéré comme un enfant. Fier de ſa force & jaloux de l'honneur ou de la conſidération à laquelle il ſe croit en droit de prétendre, il eſt vain, pointilleux, querelleur, arrogant, ſujet à la colere. Ses idées fauſſes le rendent vindicatif, injuſte, & lui font un devoir d'être implacable & cruel de ſang froid. Une vie errante & diſſipée l'empêche communément de cultiver ſa raiſon; le pouſſe à la débauche, &

l'invite au déréglement. Aux fatigues & au tumulte ſuccede une oiſiveté profonde, dont le jeu ou le vice peuvent ſeuls le tirer. Un Gouvernement militaire influe d'une façon très marquée ſur les mœurs & le caractere d'une Nation, toujours diſpoſée à imiter ceux qu'elle admire & conſidere. Ainſi en même tems qu'il enchaîne ſes concitoyens, le Soldat contribue à corrompre ſes mœurs.

Une Politique plus raiſonnable demanderoit que l'on occupât plus utilement le ſoldat durant la paix; il dédommageroit au moins l'Etat d'une partie des maux que lui fait toujours la guerre. (60) Les mains victorieuſes des Romains ne dédaignoient pas les travaux publics dans les pays que leur valeur avoit domptés: la paix ne les plongeoit pas dans une oiſiveté nuiſible: des légions triomphantes ne rougiſſoient pas de ſe ſervir de la béche & du hoyau; elles formoient des chemins publics; elles défrichoient des terres incultes; elles conduiſoient la pierre; elles prenoient la truelle; elles bâtiſſoient des aqueducs; elles creuſoient des canaux. Par cette Politique ſi ſage, le Soldat toujours actif s'endurciſſoit à la fatigue; il échappoit aux vices que produit la pareſſe; il rendoit plus floriſſantes les Provinces qu'il avoit conquiſes, il devenoit au moins durant la paix, un membre utile à l'Etat. Aujour-

(60) Dans la plupart des contrées de l'Europe, une Politique injuſte & barbare fait condamner impitoyablement à la mort les *Déſerteurs*. Par une ſuite des loix militaires, l'homme qui par la ſéduction ou la violence s'eſt fait ſoldat, pour avoir oſé s'affranchir de ſon eſclavage, eſt anéanti pour la Société, & perdu pour ſon injuſte maître. C'eſt ainſi que l'injuſtice & le Deſpotiſme toujours aveugles ſe nuiſent à eux-mêmes!

d'hui les Princes femblent craindre que leurs mercénaires ne procurent aucuns biens au refte de leurs Sujets.

A Force de préjugés & d'illufions, les Defpotes parviennent à fe liguer avec une portion de leurs Sujets pour affervir tous les autres, & pour fe mettre à portée de travailler fans obftacles à la ruine de la Société. Mais enfin que réfulte-t-il de cette Politique fi profonde & fi bien concertée? Au milieu d'une Nation tremblante & découragée, le Defpote eft-il donc véritablement puiffant? Intimidé par fes légions, fon Peuple eft-il bien actif, bien induftrieux, bien fortuné? Entouré de fes cohortes eft-il lui-même fort heureux? Non, fans doute; la Nation écrafée fous le joug, tombe peu-à-peu dans un abrutiffement complet; fon tyran armé de défiance contre tous fes fujets, environné de fes fatellites, devient le trifte géolier de lui-même, fans jouir pour celà d'une plus grande fûreté. Ses gardes deviennent fes maîtres & lui font bientôt la loi: fa couronne & fa vie dépendent à tout moment des caprices d'une Soldatefque fougueufe, inconfidérée, mercénaire qui lui fait fentir les effets de fes mécontentements. Un Sultan endormi dans la molleffe, gouverné par un Vifir, par un Eunuque avare, par une Sultane frivole rifque à chaque inftant de devenir la victime de fes Janiffaires mutinés. Dans un Etat Defpotique, le trône appartient à celui qui a le courage de s'y placer.

C'est ainfi que le Defpotifme, qui eft l'ouvrage de la force & de l'ufurpation fe détruit par l'ufurpation & la force. Les plus grands ennemis des Rois font ceux qui leur conseillent de s'emparer d'un pouvoir absolu. Sidney remarque très bien que, *si l'usurpation donnoit des droits, il n'y auroit personne qui ne fût tenté de faire des efforts pour usurper une couronne qui en seroit le prix.* Un Souverain qui usurpe les droits de ses Sujets, semble les inviter à usurper les siens ou à le détruire lui-même.

Si l'on donnoit en problême de trouver le moyen le plus sûr de rendre un Peuple & son Chef le plus malheureux qu'il est possible, mettez l'autorité absolue dans les mains d'un homme sans lumieres; prenez des précautions pour que jamais il ne puisse s'éclairer; rendez cette autorité permanente; donnez lui pour appui des armées bien nombreuses; permettez lui d'opprimer ses Sujets, sans jamais vouloir écouter leurs plaintes; & le problême se trouvera résolu.

Le pouvoir arbitraire ne procure à personne ni bien-être, ni repos, ni puissance, ni sûreté. Un tyran est un insensé qui, étant seul contre tous, doit craindre chacun de ses sujets. Que leur oppose-t-il? Des Soldats mercénaires, des brutaux sans raison, des ames vénales, faciles à gagner, & que tout chef ambitieux peut soulever contre le Souverain. Tout Despote est un furieux qui se blesse à tout moment de l'épée dont il se sert pour frapper son Peuple. Un Gouvernement militaire rend le Soldat l'arbitre du sort du Prince; la force aveugle qui soutient le trône, peut aussi le renverser. Des loix justes & l'attachement des Peuples, voilà les fondements les plus solides de la puissance des Rois. Le Despotisme est une mer orageuse sur laquelle, & le Pilote, & les paſſagers ſont expoſés à des naufrages continuels. (61)

Toute folie ſe punit toujours elle-même. De fauſſes idées de grandeur font-elles croire à un Prince qu'il eſt beau d'exercer un pouvoir illimité, ou qu'il eſt indigne de lui de trouver des obſtacles à ſes volontés ſuprêmes? Bientôt ſon ambition s'allume, il détruit toutes les barrieres, il anéantit les loix, il impoſe un ſilence éternel à ceux qui pourroient lui faire connoître l'état de ſa Nation; mais il eſt puni de ſa folie par le découragement & la miſere qui s'établiſſent dans ſon pays. Croit-il ſe mettre à l'abri des mécontentements publics à force d'armées & de ſoldats? Il ne fait qu'augmenter le ravage; ſes gardes & ſes complices deviennent ſes maîtres: ſon indigence le met hors d'état de contenter leur avidité, & ſa vie eſt expoſée aux caprices d'une milice inſolente qui ne tarde pas à connoître ſa force. Ce furent des légions qui donnerent à l'Empire Romain tant de Tyrans qui le conduiſirent à ſa deſtruction : ce fut par la main des ſoldats, que ces monſtres ſe virent forcés de périr les uns après les autres.

Un Tyran eſt un vrai frénétique qui, par les vains efforts de ſa fauſſe Politique, ne fait que préparer ſa propre deſtruction; il creuſe à tout moment le tombeau qui doit l'enſevelir ſous les ruines de l'Etat. La tranquillité paſſagere dont le Deſpotiſme ſemble jouir quelquefois, reſſemble à ces calmes perfides qui précedent communément les tempêtes, les ouragans, les tremble-

(61) *Non exercitus neque theſauri regni præſidia ſunt : verum amici, quos neque armis cogere, neque auro parare queas, officio & fide parantur.* Sallust.

ments dont la terre eſt ébranlée juſques dans ſes fondements.

Souverains du monde! on vous trompe, quand on vous dit que vous êtes des Dieux. Conquérants! on vous trompe, quand on vous perſuade que vous êtes de grands hommes. Monarques! on vous trompe, quand on vous excite à uſurper un pouvoir abſolu toujours environné de dangers & d'allarmes. On vous trompe, quand on vous dit que votre intérêt demande que vous arrachiez à vos Peuples la liberté, ſans laquelle ils ne peuvent travailler, ni à votre propre puiſſance, ni à votre félicité. On vous trompe, quand on vous fait croire qu'on vous aime, tandis que vous ne ſongez qu'à répandre la terreur. On vous trompe enfin, quand on vous dit que des armées nombreuſes, & des ſatellites mercénaires vous mettront en ſûreté. Soyez juſtes; rendez vos Peuples libres; régnez avec les loix; ne souffrez pas qu'on ſe ſerve de votre nom pour exercer la tyrannie: aimez vos Sujets; occupez-vous de leurs beſoins; écoutez leurs juſtes plaintes: établiſſez l'empire des mœurs; récompenſez le mérite & la vertu; banniſſez de votre préſence le vice; puniſſez l'oppreſſion & le crime; c'eſt alors que vous ſerez vraiment grands, riches, & puiſſants: c'eſt alors que vous ſerez ſincérement aimés: c'eſt alors que vous jouirez d'une ſûreté véritable au milieu d'un Peuple ſatisfait, & vos jours prétieux ſeront bien mieux gardés par vos Sujets unis de cœurs avec vous, que par des Courtiſans abjects ou par des Soldats mercénaires, qui ſeront toujours incapables d'avoir un attachement ſincere: la vertu ſeule a droit d'être ſincérement aimée.

Fin de la Seconde Partie.

TABLE DES CHAPITRES.

SECONDE PARTIE.

Principes Naturels de la Politique.

FIN DE LA TABLE DE LA SECONDE PARTIE.

www.ingramcontent.com/pod-product-compliance
Ingram Content Group UK Ltd.
Pitfield, Milton Keynes, MK11 3LW, UK
UKHW020558180726
13838UKWH00001B/316